JN439106

아흔아홉 편 시 묶음 잇기 01

나는 꿈꾸는 새다

아흔아홉 편 시 묶음 잇기 01

나는 꿈꾸는 새다

정현기

채륜
CHAE RYUN

아흔아홉 편 시 묶음 잇기

사람들은 자기가 살고 있는 이 땅 어디 진짜 갈 곳이 있는 것처럼 살고 있다. 하지만 막상 무턱대고 태어나 하루하루를 살면서, 자기가 가는 곳이 어딘지를 묻고 또 묻지만, 그가 갈 곳이 어딘지를 아는 사람은 없어 보인다. 서양이다 사막이다 어디다 이리 뛰고 저리 뛰면서 갈 곳을 찾아보지만 다 거기는 거기 여기는 여기일 뿐이다. 막막하고 아득한 이런 삶의 발걸음을 깨달아 아는 사람들은 차츰 이런 자기 발걸음질을 글로 쓴다. 예나 이제나 우리는, 짧게 쓴 글을 시라 이르고 시절노래 또는 춤 노랫말 매기기로 일러, 열심히 뭔가를 남긴다. 어디로 그렇게 바쁘게들 가고 있는지? 농부는 눈이 떠지기 무섭게 들판으로 가 자라는 곡식에게 흙을 덮거나 풀을 뽑고, 북돋우고 열매를 거두어들이고, 장사하는 이는 이익이 많이 남는 물건을 만들어 남들에게 잘 팔 궁리에 머리를 쓴다. 돌도 지나지 않은 어린 아이들, 그들은 눈에 띄는 물건마다 손으로 만져보고 입으로 가져가 맛을 보며 어디든지 나가자고, 또 새로운 뭔가가 없는지 끙끙대면서 끊임없이 어른들을 조르고 보챈다. 하지만 아무리 둘러보아도 막상 어른조차도 어린 아이에게 쥐어줄 새로운 어떤 것은 별로 없다. 어찌 아이들뿐이랴? 모든 사람들이 그렇게 밤새워 머리를 한 곳에 모아 생각하고 외우고 쓰면서 사는 옆을 둘러보아도 새로운 뭔가는 별로 없다. 시 쓰기로 마음먹는 사람들이 겪는 외로움이다. 시인은 천성적으로 외롭다. 아니 어쩌면 그렇게 아예 처음부터 점 찍혀 외롭도록 태어난 이들이 시인인지도 모르겠다. 하긴 시인들만 외로울 것인가? 사는 이 모두 다 외로운 이들이지! 이런 외로운 이들이 남긴 글들을 모아 우리는 '아흔아홉 편 시 묶음 잇기'라는 퍽 젠 체하는 말투의 시집들을 낼 생각이다.

하필 왜 아흔아홉 편 시 묶음이냐? 백 편이나 오십 편도 있고 사십 편도 있는데 하필 아흔아홉 편이냐? 가득 찬 숫자는 늘 버거운 법이다. 마지막 한 편의 시를 가지고 승부를 내겠다는 그런 다짐의 뜻이 이 시 묶음 잇기에는 담겨 있다. 그리고 이런 잇기 시 묶음 가운데는 이미 이름이 드높아 꽤나 알려진, 이름으로 값을 지닌 분들의 시 묶음도 있을 터이지만, 아직 아무도 모르는 신출내기 시인들도 있을 터이다. 하기는 아무리 이름이 높다 하되 그거 다 하늘 아래 이름이 아닐 것인가? 그들도 늘 외롭기는 마찬가지일 터! 단 한 편의 시가 100년 뒤에 남아 사람들에게 아른댄다면 그럴 듯도 해 보이지만, 설령 아무도 그걸 알아주지 못한다한들 그게 다 무슨 허물이겠는가? 우리는 이런 막막한 앞날을 향해 해바라기 눈 길처럼 갈 길을 떠난다. 사탕발림이 된 길에는 언제 누가 그렇게 알렸는지도 모른 채 개미들이 행렬을 지어 모인다. 사탕발림이 어떻게 깊고도 설운 삶의 외로운 우물 속까지 이어져, 누군가 깊은 우물 속을 드려다 보는 눈길들로, 어떤 빛이 날지 기다려 볼 생각이다. 아흔아홉 편 시 묶음 잇기라는 길 떠남의 한 길라잡이 글을 이렇게 마친다.

"아흔아홉 편 시 묶음 잇기" 시집을 낼 분들인
몇 시인들만 믿고 정현기는 적다.

기억의 저쪽과 이쪽 자리에서 꿈꾸는 새

이때까지 살아온 나날들이 아득하다. 오랜만에, 이청준 형이 남기고 간 산문집, 『머물고 간 자리 우리 뒷모습』을 다시 읽다가 「부끄러움, 혹은 사랑의 이름으로」라는 글에서 나는 울컥한다. 짧은 글이니 요점만 빌려다 적어보이기로 한다.

지난 세기 중반 전란기 어느 해 겨울, 한 벽안의 선교사가 눈 덮인 시골 길 다릿목을 지나가려니 교각 아래쪽으로부터 웬 갓난애의 울음소리가 들려왔다. 그가 내려가 보니 한 남루한 여인이 추위와 굶주림에 지쳐 죽었는데, 그 품속에선 갓난쟁이 여자 아이가 아직 살아 울어대고 있었다. 심한 눈보라와 추위 속에도 아이가 살아남은 것은 그 엄마가 자신의 옷을 벗어 아이를 꼭꼭 감싸 안고 죽은 때문이었다.

선교사는 사람들을 불러 그 어미를 묻어주고 아이는 자신이 거둬다 길렀다. 그리고 세월이 흘러 아이가 어느덧 열 살쯤 되어 철이 들기 시작할 무렵, 선교사는 한국 체재를 끝내고 돌아갈 처지가 되어 아이와 의논 끝에 함께 미국으로 떠나게 되었다.

그런데 먼 이국 길을 떠나기 전 선교사의 배려에 따라 아이가 마지막으로 제 엄마의 무덤을 찾아가 인사를 드리던 날이었다. 그날도 겨울 날씨가 쌀쌀하기가 그지없는데, 아이 혼자 언덕 너머 제 어미 무덤으로 올려 보낸 선교사가 아래쪽 길가에서 한참을 기다려도 돌아오는 기척이 없었다. 내심 이상히 여긴 그가 언덕으로 올라가 보니 아이는 그 차가운 바람기 속에 자기 옷을 모두 벗어 엄마의 무덤을 꼭꼭 싸 덮어 주고 자신은 발가벗은 몸으로 하염없이 그것을 지키고 서 있는 것이었다.

이 이야기는 한 미국인 선교사가 한국 선교 시절을 회상한 책자에 나오는 실화로, 이미 내가 한 번 「이민수속」이라는 제목의 소설로 시도했던 소재이다.

이청준 형이 받았던 충격과 감동은, 당시 이청준 형 가슴 속에만 남아 있는 것이 아니라 실은 모든 사람의 가슴을 울리는 그런 충격이고 감동일 터인데, 이런 충격과 감동은, 내가 세 차례로 시집이라는 이름의 책을 묶으려 하자 끝내 나를 부끄럽게 한다. 저렇게 충격적인 감동이란 내 글에서는 찾아낼 수도 없거니와, 그런 부끄러움을 안고 무슨 글로 사람들의 눈을 괴롭히느냐, 하는 두려움이 있기 때문이다. 청준 형이 저 세상으로 간지도 벌써 2년을 넘기고 있는 판인데, 그가 앞 이야기에 이어서 쓴 임권택 영화감독 이야기 내용 또한 만만치가 않다. 유럽 어느 나라로 입양 간 한 한국 아이가, 한국 사람을 만나보고 싶다고 하여, 양부모와 함께, 임권택 영화감독은 그가 묵었던 외국 호텔에서 만났다. 그런데 그 아이는 그냥 가만히 호텔 방 한옆 자리에 앉아 조용히 임 감독이, 남들과 말하고 일하는 소리는 물론, 거동을 유심히 지켜보기만 하더라고 했다. 근 한 시간 동안 그냥 그를 지켜보기만 하였다던 이야기로 청준 형은 자기의 자기됨과 한국 사람으로서 그 사람됨을 되묻고 있었다.

—아무것도 묻지 않고 그저 가만히 나를 바라다보고만 있는 녀석의 눈길이 나중엔 신경이 쓰일 정도가 아니라 식은땀이 날 지경이더라니까요. 저 녀석이 내게서 무얼 보고 싶어 하나, 내가 녀석에게 어떻게 보이고 있나—, 하다보니 녀석 뿐 아니라 내 자신이 두려워지기도 하고요.

이런 이야기를 전하던 청준 형의 자기 물음은 가히 느꺼웁도록 내게도 전해져서 그저 사는 게 두려운 판인데, 또 다시 나는 썼던 시들을 묶는다. 만용이나 아닐 것인지? 무슨 놈의 글 욕심으로 자꾸 이런 책들을 내려고 하는가? 그런데도 나는 이 어리석은 짓의 발걸음을 떼어놓는다. 저 지난달 3월 26일에는 안중근이 처형당한 뤼순 감옥에도 갔다 왔다.

내 기억의 저쪽에는 늘 힘겹게 살았음에도 자기 마음을 잘 지켜 꿋꿋하게 살다 간 사람들 이야기로 가득 찬 창고가 하나 있다. 재작년부터 만나게 된 안중근이 그렇고 그 이전부터는 윤동주가 그랬으며, 내 스승이셨던 박영준이며 이상화, 이육사, 채만식, 염상섭, 이기영, 그리고 최근에는 박경리, 이청준, 이균영, 김주연, 김주영, 김화영, 김원일, 박기동, 윤후명, 정찬 등 한국의 문인들이 있고, 서양에 살다가 작품들을 남기고 간 작가 시인 얘기들도 많이 저장되어 있다. 어디 그뿐인가? 그 창고 옆에는 내가 살아왔던 지난 발걸음 소리나 냄새, 실패하여 쓰디썼던 중얼거림, 지켜보고 만나 말들을 나누었던 여러 가지 빛깔의 있음들이 있다. 그런 것들로 채워진 기억의 창고 속 이야기들을 하나둘씩 꺼내어 적바림한다고 마음먹은 게 바로 이런 글쓰기로 나서게 된 내 꼴 새이다. 내 머릿속에 들어있는 기억의 저쪽과 이쪽, 그러니까 이 시 묶음에 든 얘기들은 지금부터 몇 년 앞서는, 조금 앞에 겪었던, 살림자리들에 대한 기억창고 비움의 한 자취이다. 아하 그것 참! 웬 술판은 그리 많았던지 원! 온통 술판!

보들레르니 조지 오웰이니, 카뮈니 카프카니 도스토예프스키니 하는 외국 작가들과 그 작품들은 또 얼마나 내 기억의 저쪽에서 반짝이는 말들로 나를 한숨 쉬게 하여왔나! 그 뿐만은 아니다. 게다가 오래전에 살았던 국내외 문인들은 또 얼마나 내 기억의 저쪽에서 반짝이는가? 이규보도 그렇고, 연암 박지원도 그러한데 문인이 아니면서도 이름을 남긴 사람들은 얼마나 내 기억 저쪽에서 일렁이는 물살들로 살고 있는가? 그런데 지금 내 삶의 이쪽은 또 어떠한가? 지금 살아있으면서도 빛나는 글들로 마음을 움직이는 문인들과 또 그런 글쓰기를 꿈꾸는 아주 많은 젊은이들 앞에서 나는 뭔가를 열심히 지껄여 왔다. 하지만 여전히 나는 허방거지로 허둥대며 꿈꾸는 사람일 뿐이었다. '-가장 아름답고 오랜 것은 오직 꿈속에만 있어라-「내 말」'이라고 그의 대표시 「나의 침실로」제목 바로 밑줄로 처리한 이상화의 시를 보면 그가 꿈꾸던 것이 자유였고 민족광복이었음을 잘 알겠는데, 내가 지금 꿈꾸고 있는 것은 무엇일까? 남북통일? 진짜 민주화된 나라? 아니면 부자가 되는 것? 마음 가난으로부터 벗어나는 것? 못된 인간들에게 철퇴를 내릴 수 있는 그런 힘 기르기? 내 주머니 속에는 늘 가득가득 들어 있어서 어깨가 저절로 으쓱거리게 하는 돈? 아름다운 젊은 여인을 아무 때나 뚫어져라 하고 바라볼 수 있는 권능? 허참! 실은 그게 다이기도 하고 그건 모두 아니기도 하다. 하지만 기억의 저쪽이나 이쪽에는 모두 어떤 꿈이 나를 버티게 하고 있다는 것만은 뚜렷하게 알겠다. 지금에 와서 나는 그저!

마음은 쓸쓸하고 스스로 바라본 내가 퍽 외로워 보인다. 힘겨운 삶의 발걸음을 디뎌온 그런 내 말자국들을 남기는 이유는 없다. 평생 꿈만 꾸다가 늙어버린

한 마리 새처럼 내 삶의 허방에 다시 꿈이나 꾸는 글로 찍어 낸다. 젊은 서채윤 사장에게 고맙다는 인사는 차린다.

2010년 5월 어느 날

정현기는 적다.

| 차례 |

"아흔아홉 편 시 묶음 잇기"에 내는 풀이말 04
『나는 꿈꾸는 새다』에 붙이는 머리말 07

01. 빼꾸기

사막 19　잃어가는 것들에 대한 단상 1 21　꿈꾸다 23
봄이 흔들린다 26　빈 말과 돈 이야기 28
잃어가는 것들에 대한 단상 2 30　별들이 숨는다 37
목욕탕 배추 39　빼꾸기 43　몸 만들기 45

02. 꽃씨 이야기

미움 49　꽃씨 이야기 51　토끼들의 나들이 53
말장난은 사람을 웃긴다 55
8월 26일이 드디어 지나가다 58　오랜 삶에 대하여 61
매지리 호숫가에 덮인 눈 63　조명행 · 김읍자 부부 66
봄과 변덕 69　모란 꽃 나무 71

03. 웅녀와 호랑이

숨 가쁘다 내 인생 75 천둥 번개 바람 78
외양간 잠자리와 장독 80 코스모스 82 웅녀와 호랑이 83
나고야에 오신 유옥이 할머니 85
농부 이성룡 씨의 하루 87 경안천 잉어의 외출 89
2006년도 5월의 환 92 서하리 뒷산 꿩 알들 95

04. 당신은 언제나 그렇게 거기

한 낡은 교수 부부와의 전쟁 99
숲 속의 윤덕진, 술 마신 시신 102 주채혁 105
맛들의 샘 108 당신은 언제나 그렇게 거기 111
어째서 사랑 고리 아래에 있나 113
어머니 오셨다 가시다 115 내가 만난 인생 118
서하리 여름 121 백경선 124

05. 시인, 철학교수, 사기꾼

시인, 철학교수, 사기꾼 129 큰 딸 드디어 시집가다 131
푸른 용들의 저녁 식사 133 백운산 용틀임 멈칫 멈칫 135
노린재 137 불놀이 138 미인 140 김정수 142
용들의 저녁 술자리 145 미안하다는 말로 때우는 것 148

06. 시인들의 밤길

미꾸리 151　두레박에 눈 있더나 154　그리움 156
만우 박영준 스승 마음 속 30년 157　시인들의 밤길 160
윤동주와 야스쿠니 신사 163　시가 아프다 166
우주에 가득 찬 티끌 169　삶은 무지개 171
나이 듦과 이은호 173

07. 폐역을 지나, 부서진 다리를 건너

눈부신 매미와 나 177　꿈에도 쩔쩔매는 꿈길 179
여름 끝자락에 서다 181　게으른 자의 술 마시기 183
폐역을 지나, 부서진 다리를 건너 186
고향 하늘에 뜬 푸른 하늘 189
배우가 된 꿈 191
박영준, 박경리 두 분 선생을 꿈속에 만나다 194
콩나물 껍질 물에 둥둥 197　씨앗 한줌 땅 속에 묻고는 200

08. 틈에 대하여

봄, 여름, 가을에 선 나의 아내 205
줄줄 인연의 줄, 한가위 앞날 210
8월 대보름날도 다 보냈구나 213
김대중 앞 대통령 당신 참 215 조롱박 계영배 219
눈비 섞인 입동 궂은날 외로움 222 백운산 눈, 빛 224
바람 찬, 거센 그 힘 226
그 많은 나날들 모두들 어디 갔나 228 틈에 대하여 231

09. 가리왕산에는 곰취가 산다

날개 235 당신도 참 그렇게 237
한기호 형님 칠순 잔치 240
가리왕산에는 곰취가 산다 247 지하철 속의 나무들 249
삶은 달걀인가 251 12월 눈비 맞는 배추 잎 253
12월 겨울 달 밝으니 사람 참 255 새벽 258
어두운 샘 261

10. 나는 꿈꾸는 새다

날 파리 265 나는 꿈꾸는 새다 267 아침이 울어 269
아내가 웃는다 271 최유찬 274 눈길 276
아시아의 눈, 연암 박지원과 고미숙 278
현운재 307호실 281 만남은 고독이다 284

01 »»

빼꾸기

사막

유부남을 끌고 올 수는 없었다.
남산만한 배 앞세워 돌아온
처녀가 아를 낳고
애비 없는 아이 키우는 애끓이 엄마

엄마!
다시 그런 애는 안 낳을 것인께
망할 년아, 다시 그러면 너 죽고 나 죽는다.
전경린 〈야상록〉에서 그런 엄마와 딸을 만난다.
아버지 죽어 장례 치르던
삼우제 전 날 유부남과 밤샘하고
돌아와 엄마에게 국사발 통째로 얻어맞았다.

아버지 무덤 이제 마르고
오랜 시간의 강둑 위에 밤을 지키다가
어머니는 묻는다.
야 이년 너 하필
애비 죽어 사흘도 못된 날
어느 놈과 살 섞으며 밤 내렸나 이년.

목을 죄는 울음 삼키다 질식사하랴,
잠결에 뭉쳐 목조르는 울음
흐느낌에 막힌 등을 쓸며
너……!
야야 다시 그런 일 있더라도 꼭
내게 오렴, 엄마야, 아아아
사막 한복판 여기 저기 널려 있는 울음소리
모아 메마른 사랑 소리 듣는다.

메마른 사막, 물 빠진 사랑
차마 유부남을 끌고 올 수는 없었더라
아버지 상청 거기 엄마야 다시는
그런 사랑 아아 어찌 감당하랴

망할 년, 에이 망할 년 그래도
내게 오렴 아가야 불쌍한
아가야 내게 오렴.

2005년 3월 9일 아침

잃어가는 것들에 대한 단상 1

이빨

아이적
잇몸 근지러 빨던 젖꼭지 깨물다가
아얏 이놈 새끼, 또 그 상증!
된통 귀싸대기 얻어맞았더랬지.
너 또 깨물거야?
눈물 글썽이며
아니! 고개 살래살래 흔들어
겨우 다시 젖을 물 수가 있었더란다.

나이 먹자
깨물던 젖 주인은 가고
아내 젖 아이 몰래 훔쳐 빨곤 하지만
여전히 깨물고 싶은 충동은
충동대로 남아 몸살을 앓는다.

고기대신 질겅거리며
솟증 달래던 때나
생맥주 안주로 씹던 오징어
이젠 보기만 해도 남이로구나.

맥주병 이빨로 따 호기부리던 때도
나는 이 이빨이
사람들 씹는 만큼이나 오래 가리라
여기던 오늘
이빨 두 개를 뽑고 망연자실한다.

머지않아 이 이빨들,
거기 물려 자지러지든 여인들 젖꼭지
저만치 모두 물러 서 있고
스스로 허물어져,
탐스런 젖통도 사과도 오징어도 쇠고기도 모두
남처럼 물러 서 있겠네.

2005년 3월 10일 서울 평창동

꿈꾸다

잠을 숙취로 자는 것인가
밤 잠 속에서 나는 외상 술
짊어지고 나타난
빚쟁이를 만났다.

어제 불꽃 술집에서
플라스틱 돈 기계가 말 듣지 않아
현금을 치르며 불쾌함이 위를 눌렀다.
일본 작가
나쓰메 소오세키
유리 문안에서 내다 본
자살 이야기 글 읽다가
새벽에 일어나 다시
읽는다.

꿈처럼 잠이 불쾌하고
잠처럼 죽음이
마음을 짓누르는
새벽 네 시경

찬 물 두 잔으로
불안 달래며

네 앞에 앉는다
내 앞에 너는 앉아
다시 꿈을 되돌려보고
삶을 생각한다.

그래도 너는 잘 살아왔거니
스스로 달래며
밤잠 설치는
아내와
모르는 척
웃고 떠드는 아이들을
내 앞에
불러 앉혀놓고
시름에 젖는다

이 시름은 설움이어서

나를 잠에서 깨워
밤 꿈과 독서
숙취 모두
뭉쳐 나를
감는구나.
아아 온 몸을
칭칭 감는구나!

2005년 3월 29일 새벽 영빈관

봄이 흔들린다

단 한 번 아침 새가 창 밖을 두드린다.
봄 일이 바쁜가보다
방송은 온통 인도네시아
수마트라 지역 주민 죽음들
아우성이로구나
천명에서 이 천명
생목숨이 지고

지진은 너희에게 말한다.
너무 떠들썩 지구를 밟지 말라
내 속에 든 석유나 물
너무
뽑지들 말라.

내 몸이 가벼워지니
더워 참을 수 없고
뒤척이는 몸
땅이든 바다든
진동으로 너희들 앞에 닿으리니!

2005년 3월 30일 아침
봄 새가 다시 날라 와 재잘거리고
먼 곳 젊은이들 아우성 소리
늦은 아침 나의 잠을 깨운다.

2005년 3월 30일 영빈관

빈 말과 돈 이야기

내 평생 여행은 모두 남의 힘이었구나.
한·미 문학자 대회 일로
빈 손으로 떠난 시애틀과 뱅쿠버
4박 5일 그 화려한 여행.

보름간의 여행 아프리카
홍상화 형 같은 방 쓰며
몸바사 지금도 가 낮잠 자고 싶은 곳
나이로비 공항도 생각나고,
커다란 도마뱀 천장에 붙어
놀라게 하던 곳
지금도 김주영 형 들고 온 것들
손전등, 온갖 기구들
흑인들에게 나눠 주고 씩 웃던 모습 선하다.
김주영 형이 나를 데려다 준 곳
전낙원 회장 돈으로
여행한 사람
돈은 늘 내게 그리움의 끝이로구나.

프랑스와 독일은 박경리 선생 인연,
김병수 연대 총장이 준 돈으로
토지문화관 건물 짓는 눈 공부하러 갔더랬지.

또 일본이 있다.
가라타니 고오진이라는 사람
말도 안되는 소리 거만하게 지꺼리던 쪽발이,
웃기는 사쿠라 만난 곳 동경
김주영 형이었겠지,
김병익 형이 주관하던 한·일 작가회의
끄나플로 그냥 따라갔었구나.
이 때도 나는 돈이 없이 갔었다.
나는 돈이 없는 사람
여유가 없는 사람
늘 여행길 그리움이 없는 속 빈 사람이었구나.

2005년 4월 1일 지하 책방

잃어가는 것들에 대한 단상 2
=맛들에 대하여
김치

나는 젊은이들에게 고백할 게 있다.
아니다, 나의 부모님들께 우선 사죄할 일이다.

아버지 나이들어
밥상에 앉아
나물들을 뒤적일 때
나는 몰랐었다.
콩나물 잇 사이에 끼어
캑캑거릴 때,
긴 콩나물 한 끈 이미
목구멍 속에 들어갔고
두어개 남은 잇 사이에 낀
그 한 줄기 몸 속에서 당기며
마음 조급하게 씹지만
씹히지는 않고
목 속에 든
줄기는 줄기대로 자꾸
목을 간지러 캑캑거릴 때

나는 그 상실의 기미
조금도 몰랐었다.

나중까지 그래도 살아
내 마음을 울리던 엄니마져
이 다 빠져
국물만 찾아 마실 때도
나는
맛나는 음식으로
맛 기분만 살찌우고 있었더랬다.

이제 숙모 두 분만 남아
틀니로 생선회를 씹으며
맛을 모르겠다 한다.
그래도 나는 그걸
건성으로 듣고는
쩝쩝대며
젓가락질 뻔찔나게
음식 탐하였었다.

이제
나는 그게 무슨 뜻이었는지를
이를
잃어가면서 알게 된다.

봄철이 되자
묵은 김치 버리고
밭에 새로 난
열무 김치로 밥을 비벼
입안 잔뜩
퍼 넣으며
우적 우적 씹는 이 성한 사람들 보며
성감대보다 먼저
미감대가 이빨들끼리
주고받던
맛이었음을
입 속에 고루 퍼지는
삶의 뜻이었음을

뒤늦게야 안다.

김치!
늦 봄이었으나
잘 익은 항아리 속 김치
김장 김치 꺼내다가
나는
노랗게 익은 김치 빛
향내 맡으며
절망한다.

아니다
돌아가신 부모님
틀니 한틀씩도 못 끼워준
서름에 눈물 짓는다.

그들은 가고
나 홀로 남아
그 김치맛 잃는 서름 담으며

마음 저린 희한
깊은
서름
아아 어째서 나는 미쳐
그걸 모르고
홀로
부모들 앞에 앉아
잘 난 척 김치 음식 씹고 있었나.

봄날 묵은 김치 항아리 속
잘 익은 김치들 보면서
눈물 짓는다.

그들 지금쯤 어디
봄나물 캐면서
그 맛나하던 봄나물 향기
김치의 단맛들
회상하고 있을까,
아아 회상하고 있을까,

살아가면서 종내
잃는 것은 맛부터로구나

그걸 아는데
이렇게 오랜 세월 필요하였는지도
나는 이제야 알겠구나.

치과의사 장병양 박사
웃으며 하는 말
늙어감의 뜻 이제 아는 거냐고
여유있게 웃으며
잃어감의 뜻 일러주는구나.

햇살
누리에 잔뜩 피워올리며
봄 나들이 가는 젊은 이들에게
이런 진실 언제 알 거냐고
물을 수도 없구나.
물을 수도 없구나!

늦 봄에 꺼낸 김장 김치 맛 읽기
그게 인생의 뜻이었음을
이제야 알겠구나.

2005년 4월 17일 서울 지하 서재

별들이 숨는다

2005년 4월
그것도 27일 아침.

다시 내 큰아이
가람
글 기계 다른 것으로 설치하고 가다.
늦은 아침 겨우 일어나니 별들은 숨고
해도
얼굴을 숨긴 채
백운산이 흐리게 솟아 있구나.

별들은 왜 자주 숨나
부끄러움 때문에 해와 눈 맞추면서도
아침 되자 그 별들
찬연하던 빛
톡톡 부리 떼는
새들 노래로 바꾸어
잠을 깨운다.

어제 술은 고량주 세 병
이과두술 뒷 것 마시다가
맥주로 입 가신다던가
세상이 온통
어둡고
나만 나른하구나.

2005년 4월 27일 영빈관

목욕탕 배추

1980년대는 광주 땅 전라남도
신군부 웃기는 사람들 나와
많은 사람들 죽이고
정권이야 그들이 잡아 한 때 떵떵거리며 돈깨나
긁어모았다.

무수한 사람들 전라도 광주 땅
죽어갈 때에
마구다지 야만 살육, 젖통도 도려낸다고?
순전한
유언비어라고 공영(?)언론들 통해
거짓말 뿌릴 때였다,

고려대 김화영 맑고 짓꿎은 웃음 흘리며 내게
묻는다.
너,
목욕탕 배추 알어?
나야 모르지.
목욕탕에도

배추김치야 먹는 사람
나도 보았지, 라면 씹으며 그걸 먹던데!

야 그게 아니라.
바로 이거야!

목욕탕 주인에게 어느 놈
전화로 왈;
거기 목욕탕인가유?
그렇소만!
거기서 배추도 파는 감유?
아니 배추라니? 아니오!
제길 재수 없기는!
잠시 후 다시 전화 왈;
거기 목욕탕인감유?
그렇소만!
거기서 배추도 파는 감유?
아니 이 사람 누굴 놀리나? 여긴
목욕탕이야! 별

미친 놈 다 보겠네.

같은 전화 서너 번 아니 대 여섯 번
거기 목욕탕인감유?
그렇다 이 새끼야 왜!
거그서 배추도 파유?
야 이 새끼야 너!
미쳤냐? 짜그락.

다시 같은 전화 목욕탕에 걸려 왔다는데
거그
목욕탕인감유?
그래 이 개새끼야 너?
흥분한 이 사람
그는 누구일까?

콩팔 칠팔 민중은 떠들지만
그래서
거그서 배추도 파는 감유?

그래 이 개새끼야!
배추도 판다!

아아 맞구나
목욕탕에서
아아
배추도 파는 군요!
잘 알았이요.

오리알 이야기
오늘도 그 낙동강 가에
떨어졌다던
오리알들 찾아
별의별
개똥별들
소리가 요란하구나
참 요란도 하구나!

2005년 4월 28일 밤 술 좀 먹고 집에서

뻐꾸기

뻐꾸기가 운다.

아침인가보다.

뻑꾹 뻑꾹 뻐뻑꾹
남의 둥지에 알 깐 밥통 새
제 새끼 어미 소리로 불러댄다.

저건 노래인지
울음인지
아무도 말해 주지 않는다.

아침 저녁으로 저놈들 모두
나와 우지짖으며
전기줄이나 전봇대에 앉아
가끔씩
남이 쓴
전자 편지 훔쳐보나 보다.
비밀 많은 놈이니까.

뻐꾸기 울고 나면
이제
황홀한 아카시아 꽃 냄새 거느리며
노랑무늬
꾀꼬리도 날게 될 게다.

여름 뒷자리에 들어서 있다.

2005년 5월 1일 서울 집

몸 만들기

몸을 만들려면 먼저 살이 필요하다.
살을 한 40여 근 만들고
뼈 열 댓 근은 엮어야 얽기 설기
등, 다리, 팔 발가락과 손가락
나머지 필요한 뼈들 손가락도 붙인다.

기둥 뼈로 세운 힘이 붙으면
사뿐한 서까레 뼈들도 맞춘다.

때론 쥐와 뱀들이 서식하던 몸 천장
뼈와 살로 장식되면
숨결 불어넣기 전에
피를 한 여나무 근 살 속에 돌려
펌프질 할 심장
강한 열쇠로 이음부분 만든다.

아아 이제 엉성한
한 몸 만들어졌는가?

나라가 위태로우면
앞장 서 뛰어나가
총칼은 등에 지고
태극기 앞세워 말아라
말아라 너희들
왜적도 되적도 양적도 모두
내 땅에서 나가라 외칠
힘 찬 마음은 어디에서 구해 엮나?

그리운 어머니 무릎 베고 앞장서 간
사람들 위해 눈물 흘릴
마음 한 폭 하느님
부처님께 빌어

공들여 만든 몸에 붙이기로 한다.

나도 힘겹게 얻은 몸에게
땅에 누워
귀 기울인다.

어디서 얻은 몸인가?
몸은 웃으며 말이 없다.

2005년 5월 1일 뒷산에 아내와 다녀와서

02 »»

꽃씨 이야기

미움

몸에 든 것들

미움과 분노는 쌍둥이
멀쩡한 외양으로 가꾼 이들
빈 강정
하는 짓 또한 헛발짓으로
남 앞에 서면 건들거린다.

이름 난 부자
이름 난 문인, 학자
이름 깨나 드날리던
독재 추장들
분노의 쌍둥이 형제가 샛길에 세워 둔
멸시받으며 오늘도

어깨 세우고
꼿꼿하게 죽어
저무는 세상 노을 빛
어둡게 물들이는구나

아아 딱한 들도 넓구나.

2005년 5월 21일 밤. 우울한 하루를 누워지낸 다음 아내와 단둘이 저녁을 먹고 멍청하게도 세상에 덮인 구름 읽으며 다가오는 밤을 읽는다. 친일 독재자 박정희가 제대로 평가받지 못하였다고 백낙청 씨가 창비 여름호에 썼다고 〈한겨레〉 기사가 전한다. 우울하고 웃긴다는 생각만 들다.

꽃씨 이야기

산에 산 꽃들 저만치 서 피어 있다고 소월 김정식 중얼중얼, 지금 꽃들은 어디 저만치 피어 있을까? 각 대학 부속병원 영안실 그곳에 우리 꽃들은 씨 씨조차 배지 못한 채 차곡차곡 조림되어 흐드러진 눈 열려 있다네. 아무도 거들떠보지 않는 꽃 꽃향기도 교태도 울음, 슬픈 가면 속에 덮여 쌓은 재부 권세 드러내듯 줄줄이 꽃들 겹쳐 쌓아 놓았다네. 김소월이 읊었다던 산에 핀 꽃들 여기 우리 씨조차 맺지 못할 꽃들 불쌍해 지금도 저만치 서서 울고 있다네.

얼마짜리로 너는 여기까지 왔니?
꽃들이 묻는 말
몰라 전화로 주문 받던 처녀 눈웃음 먹으며
내 몸단장 가위질로 싹뚝거리던 손
붉은 손톱 꽤나 반짝거리던 걸.

산에는 꽃 피고 새도 울지만
대학병원 영안실
봄여름 가을, 겨울 없이

꽃들 쓰레기 더미
지워질 꽃들
빽빽이 빽빽 굴비 두름처럼
묶인 채 피어있다네.

꽃씨들은 대학 식물 연구실 거기서 물건처럼 만들어진다지. 상인들은 돈을 대어 준다지. 대학 각 상인 모두 꽃들을 키운다지. 꽃씨들을 만든다지.

산에 들에 피는 꽃
들에 산에 지는 꽃
스스로 저만치 서
꽃씨 날려라
날려 자유여!

2005년 5월 24일 아침 영빈관 해가 창 밖에서 나를 부른다.

토끼들의 나들이

사는 일은 좀 심심하다.
무릇 심심풀이를 찾아야 한다고
누구더라 프랑스 사람
비도 안 맞고 중얼중얼
명상록이라!

말 부림은 심심풀이의 으뜸
와이담이라던가 가가 대소 가로되
토끼의 외출이라.

깜장빛 서방 토끼 말도 없이 가출한 지 사흘이라.
이이 찾아
아내 외출 마침
낮잠 자던 노랑 털 숫 토끼 만나
서방 행방 물으니 가로되 그냥은 못 가르쳐 주겠다.

하룻밤 몸 주고 나니 줄행랑
둘째 날 또 다른 토끼 붉은 빛
같은 수작 못 이겨

몸 주니 또 줄행랑

대엿새 동안 몸만 쓰고 집에 오니
검은 서방 토끼 늘어져
동침 후 새끼 배어 몸 풀다.

새끼 빛깔 곱기도 고와라
여섯 줄무늬 검정 바탕 노랑 빛
붉은 빛 흙 빛에 푸른 빛 형형 색색

놀란 토끼 누구냐고
암수 어미 서로 보며
신기한 일
경사날 일 벌어졌다고 웃고 말았다지.

지금도 도시에선 재미 삼아
토끼 부부들 자주 외출들을 한다지.

2005년 5월 27일 낮. 이 이야기는 잘 안 풀린다.

말장난은 사람을 웃긴다

이 시대 아마도 가장 빼어난 글 꾼 말꾼
유재원 그리스 언어학 박사, 그리스 신화로도 뛰어난 재간 보이지만
술자리에 앉으면 웃기는 말도 최상급이다.

어제 사전학자 조재수와 만난 술자리 한 말장난
제목을 붙이되 조랑말 상처하고
빈소에 엎드려 빈객을 맞다.
할 말이 없네요.
빈객 하아 그거 드릴 말 없네요. 그렇게 1년을 보낸 이 숫 말
당나귀 암놈과 일을 치르고 나서 이거 말 되네,
들판에 갔다가 무수한 말들 보며 아하 이 말 하나 저 말 하나
이 말 저 말과 다 하고 나서 친구에게 그 말 하니
야 너는 지조 없이 이 말하고 저 말하고 다 하냐?
그럼 너는
나? 나는 할 말 하고만 한다.
야 짜샤! 너는 그럼 한 말 또 하고 한 말 또 하고 그

러냐
그럼 이 말하고 저 말 하냐

장면 바뀌고 한 들판에
예쁜 두 말을 보고 반해 드디어 한 예쁜 말과 하고 나서
야 이거 이제까지 한 말 거 말도 아니네
옆에 있던 후배 그 말 듣고
말은 다 말이 아니라오
해서 좋은 말 있고 안 될 말 있답니다.

이 말은 저번에도 들었으나 머리 나빠 다 못 외고
이번에 특별히 메모하며 외웠으나 역시
유재원이 해야 이 말 폭소 말장난은 살아난다.

2005년 8월 19일 저녁. 하루가 속절없이 가버렸다. 어젯밤에는 유재원, 조재수 등과 낙지 집에서 낙지와 조개탕으로 막걸리를 엄청 마시면서 위의 이야기

를 적으면서 들었다. 그리고 〈울력〉에 가서 다시 와장창 술을 마시고 목 쉰 소리로 노래까지 하다가 집에 와 종일 잠만 잤다. 『윤동주 시어사전』을 10여년 걸려 조재수 선생이 만들어 연세대학교 출판부에서 출간하였다. 나와 유재원, 조재수가 얽힌 인연이 깊어 술을 마시며 그걸 즐겼다. 1980년대 정음사 양산박 시절을 유재원 박사가 이야기하였고 우리말로 학문하기 다음 회장을 내가 맡을 경우 우리가 실행해야 할 이야기도 하였다. 유재원 박사가 부회장 하겠다고 약속하였다. 박경리 선생님의 발목 부상 이야기로 김영근, 김명복, 오태권 등과 통화를 하고는 박경리 선생과 통화를 마쳤다. 당신은 덤으로 사는 인생이라고 한다. 내일 다시 연락해야 한다.

8월 26일이 드디어 지나가다

〈우학모〉라고 줄여서 부르는 이름의 학회
드디어 그 날이 다가왔고 이제는 그 날도 지나갔다.
일요일 28일자로 나는 여주 고향 선산에 들려
풀 깎으며 절하는 한 해 살이 마감을 하였으니

귀향 길은 언제나 우울하다
쥚어진 선산 땅들 조금을 놓고 뒤룩대는 탐욕, 무지
더러운 객기들을 참고 보는 마음은 처참하다.

지난 금요일에는 〈우학모〉 회장직을 떠맡아 어깨만 무거운데
약속대로 유재원 부회장 직을 맡겠노라 하되
너 내 뒤통수치지 않을 거지? 늦은 밤 돌아오는 택시에서
느닷없는 내 질문에 눈이 휘둥그래진 김명석 착한 사람
총무로 일할 사람에게 나는 왜 그런 말을 하였을까
요즘 읽고 있던 책 「아랍인의 눈으로 본 십자군 전쟁」
무수한 반목과 배반, 살육들이 엉뚱한 제자에게 상

처의 말 칼로
가 꽂혔다.

후회해도 이젠 늦은 것

내 인격에 동강을 낸 이 말 칼

뜻도 의도도 없이 던진 이 말
그래 나는 말로 나를 학대한다.

오늘은 이미 그 날들이 저 쪽 어둠으로 가버린
월요일 새벽 3시, 뒤척이는 아내의 숨소리 들으며
지나간 날들 돌보며 한숨짓는다.

무엇이 나는 두려운 것일까
알 수 없는 살아 있음의 이 깊은 어둠 연못
늘 나를 떨게 만든다. 아아
언제 이 뿌리 깊은 서성댐에서 벗어날까?

한 날이 내 앞에 와 버티고는 빛을 숨긴다.
지금은 칠흑 같은 어둠이 갑옷을 벗는 밤이다.

2005년 8월 29일 새벽 2시에 잠이 깨어 〈십자군 전쟁〉 이야기를 읽다가 일어나 어제 그제의 일들을 적는다. 벌초하러 여주에 갔다가 우울한 말들 때문에 힘이 들었다. 정기철 한 아이가 그렇게 힘들게 한다. 애를 어떻게든 기를 꺾어 놓아야 한다.

오랜 삶에 대하여

나이 듦이 욕되지 않은가
별안간 낯섦은 시간의 탓
누구도 반기지 않는 모습
나이 몸속에 이해할 수 없는 것들
웅크린 채
욕됨을 부채질 하는구나

삶은 한 때
꿈꾸던 나이 저물기 전의 꿈
그런 뜻이었구나.

2005년 9월 27일 또 하루가 백운산 아름다운 구름띠를 머금고 시작된다. 아침에 일어나서 얼굴을 보니 목에 부풀은 임파선 부기가 그대로 부어 보인다. 거북한 목과 졸려운 눈을 비비며 가람이를 기다린다. 임파선이 붓는 것은 그리 나쁜 것만은 아니라고 가람이가 어젯밤 말한다. 제가 지지난주에 부었던 임파선 붓던 이야기로 나를 위로한다. 어젯밤에는 북경에 있는 한별이가 울면서 전화를 하였다. 죄송하다고! 내 홈페이지 글을 읽다가 너무 서러워서 그런다고. 내가 뭐라고 썼더라? 삶이 좀 지겨워졌다고 썼던 모양이다. 실은 삶이 좀 그렇다. 사방을 둘러보아도 즐거운 일이나 뭐 시원한 일이 하나도 안 보인다. 좀 지겹다. 어떻게 버티고 남은 삶을 보내야 할지 난감하다.

매지리 호숫가에 덮인 눈

창밖에 눈 내리자 새들도 숨 죽여 날기를 멈추는구나
오동나무 앙상한 가지
하얀 눈 덮어 쓰고
온 여름 내내 읊던
새 울음 시 소리
눈 내린 호수 위 고요함에
입들을 닫는구나.

어제 맞은 선비들
송하춘, 양문규, 이경훈, 김영민 교수
이승윤 박사 만드느라 마음들 분주하였지.
박사 됨은 나 본받아 보겠다고 한 마음 약속
그것 지키느라 숨 가쁘게 걸어온 7년이었구나.

눈 내리는 매지리 호숫가에 서면 눈발 틈새 눈
철새들 옹기종기 모여 호수 물 남은 곳
둘러서서 옹송거려 수근댐 시름에 젖어
내 가슴속 깊이 흘러드는구나.

눈 덮인 매지리
거기 호숫가에 서면
마음 무거운 새들
서럽구나.

2005년 12월 21일 아침. 늦게 일어나 창밖을 보니 온 산은 눈에 덮여 신음하고 싸락눈이 싸락싸락 내려온 교정을 하얗게 물들였다. 어제는 고려대 송하춘 교수, 강릉대 양문규 교수, 연대 신촌 이경훈 교수들이 여기로 내려와 이승윤 군 논문 심사에 들어갔다. 이경훈 박사가 처음에는 김영민 교수에게 전화하여 논문 통과시키기 어렵겠다고 전화를 하였다고 해서 신경 줄이 팽팽해졌는데 김영민 선생이 잘 말해서 다른 교수 분위기로 넘어갔다. 좀 더 보충해서 1월 5일 서울에서 2심에 들어가기로 약속들을 하였다. 석탑에 들러 뒤풀이 저녁들을 먹고 서울로, 강릉으로 뿔뿔이 헤어졌다. 나만 홀로 여기 남아 취한 몸을 이끌고 영빈관에 몸을 일찍 누이고 잠이 들었다가 깨어보니 2시 50분경이더라. 도무지 다음 잠이 이어지지를 않아 끙끙대다가 일어나니 창밖은 온통 눈들로 덮여 호숫가가 가물가물 어제 본 50여 마리 옹기종기 뭉쳐 있던 철새들이 어디 있을까 마음이 스스로와 더욱 외롭다. 이것을 시로 쓰려면 다음처럼 짧게 써야 하지 않을까?

매지리 산자락 눈
호수에 내린 눈
새들도 잠잠
나무들이 오돌 오돌 떨고 섰구나!

조명행·김읍자 부부

참 오랜만이다.
06년 2월 25일 오후
이사 온 광주 땅 초월면 서하리 157번지
백설기 떡 보따리 들고 이 부부들 다녀간다.

복을 비는 영혼 영롱하고
소녀처럼 웃는 형수 김읍자
간간조름 눈가에 잔주름
예쁘게 웃으며
칠레 대사 출신 같지 않은 남편
사랑 투정으로 눈 빛나네.

나는 누구인지
그런 이들의 사랑으로 쑥쑥 자라
이 나이 예순을 훌쩍 넘겼구나.

아내는 얻은 떡 동네 노인정 들러
어제 못 보낸 떡 사랑
마을에 풀리는구나.

이 마음자리
나는 행복하구나!

이 일지 시를 쓴지가 아주 오래되었다. 컴퓨터에 앉기가 싫었고 그만큼 마음도 몸도 추웠었다. 평창동 집을 팔고 어제 서하리에 와 이삿짐을 풀고 따뜻한 방에서 하루 밤을 보내고 나니 여기가 내 집이로구나. 연민 스승께서 오래전에 써 주신 두 폭 당호를 오늘 내다 걸었다. 고훈 군이 못을 박고 「석재(石齋)」라고 쓴 현판과 액자를 대문과 거실에 걸어 놓으니 정말 그럴듯한 집으로 보인다. 지난주 17일에는 한기호 형님께서 점심을 사주신 다음 꺼내어 주신 봉투의 겉을 여니 5백만원짜리 수표였다. 이 수표는 오직 내가 혼자 쓰겠다고 아내에게 말하고는 컴퓨터 모니터를 3십 2만원에 주고 샀고, 당호 두 점 표구하는데 4십만원 준 다음 연민 선생님께서 아주 오래전에 써 주신 열 폭 병풍을 100만원에 맡겼다. 〈박당 표구사〉, 조흥윤 박사가 독일 함부르크에서 이 박당 어른을 모셔다가 독일 함부르크 박물관에 소장한 중국

작품들을 표구하였는데 그분의 아들이 운영하는 가게이다. 큰마음 먹고 이 병풍을 맡긴 것이다. 이번에 표구 못하면 영영 못할 것 같은 예감 때문에 아내와 상의 끝에 형님이 준 돈으로 그걸 만든다. 그런데 오늘은 조명행 대사 부부가 집엘 찾아와 이사한 축하와 격려를 주고 갔다. 나는 여태껏 꽤 잘 산 편이 아닐 것인가? 하지만 마음은 서럽다. 2006년 2월 25일 저녁나절에 쓴다. 덧붙임 말: 서하리 집 아주 작은 내 서재가 마음에 쏙 든다. 밝고 작고 아담하고 그리고 정겹다. 이 서하리 집 주인 연봉월은 멀리 미국에 가 살고 있다. 여기서 행복하기만 하면 된다고 했다. 동화 같은 얘기! 촛불을 밝히리라!

봄과 변덕

집 자리, 잠자리 이리저리
변덕 봄 날씨
내 가슴 멍들이네.
토요일 정오 김여련화, 연곡사 스님
기철 부부 쌀독 불뚝 시계 재던 때
김장 김치, 고수 야채, 장어까지 짐 부리고
굵은 차 씨앗들 훌훌
마당, 뒤꼍 고루고루 한웅큼, 앞마당 심어놓고
이 일 저 일 일러두며 훌쩍 떠나가 버렸다.

삐걱거리는 가슴 아아
언제 그치려는지?
살붙이 친척들 어제 모여 마당가
떠들썩거림
아아 부서진 의자 언제 평안을 주려는지?
월요일 아침잠 꿀맛
첫차 놓친 김에 이사는 힘들고
봄은 변덕부려 흙 벽 방바닥 거북 등껍질 되네.

아아 내 봄은 변덕쟁이로구나!

2006년 3월 20일. 겨우 일어나 강변 역에서 버스를 탔다. 10시 20분 차. 최인호 박사가 원주시외버스 정류장으로 마중 나와 같이 점심을 먹고 두 시간 강의를 끝내었다. 이제 노대규 교수가 저녁 된장 찌개백반을 산다고 공개하네. 먹고 와서 야간 강의를 들어갈 판이다.

모란 꽃 나무

아침 상 위에 모란 꽃
나무로 남아 겨울 견디는 붉은 속살
대문 옆구리 남은 터
질긴 철사 줄로 땅에 묶여
뿌리조차 내리지 못하겠구나.

모란과 작약 꽃
자리다툼도 일색
꽃 생김새 크기로도 맞서는구나.

오늘 이 모란 꽃
나무로 되어 우리 집 대문가
한 모퉁이에 앉아 뿌리 내릴까

2006년 4월 7일 아침. 광주 집 글 방. 새람이 출근하고 부부만 앉아 식사를 하면서 모란꽃 이야기로 반찬을 삼다. 작약과 모란은 자주 혼동하여 왔던 꽃이다. 이제는 그걸 완전히 익힐 판이다. 대문 옆구리에

터를 만들다가 완성치 못한 채 방치중이다. 오늘 좀 쉬어 보고 그게 완성되면 꽃들을 사와야지 하고 마음먹는다. 노곤하다. 좀 자 둬야지!

03 »

웅녀와 호랑이

숨 가쁘다 내 인생

월요일 원주 학교 한 자리
수요일 광주 서하리 새 보금자리
식물들 자라는 소리
비 오는 봄 나리 빛
나무들 우줄대며 꽃대 벙긋
땅은 젖어 물 흐르고
시간은 내 인생 한 복판
뒷날을 향해 숨 가쁘게
흘러가는구나!

2006년 4월 10일 아침. 서하리에서 새람이 차타고 광주 시청 앞에서 내려 114번 버스를 타고 이천행, 8시 55분 원주행 버스가 늦게 도착하여 9시 10분 출발하여 10시 원주 도착. 최인호 교수가 차를 가지고 나와 그걸 타고 연구실에 도착. 최인호 교수 소설 『별』이 완성되었다. 그 원고를 받았다. 원주행 버스 노정에서는 장덕조의 「장미는 슬프다」를 읽었다. 뭐랄까? 마음에 시쁘다. 난감함. 지난주 행보를 점검하니 바쁘고 고된 한 주였다. 4일 화요일 밤에는 교수

회의 끝나고 한 잔 걸친 뒤끝에 미진하여 내 방에서 노대규, 윤덕진 교수와 양주를 마시기 시작하였다. 김영민 교수도 잠깐 들러 양주 반 잔 정도를 마시다 남겼다. 임성래 교수도 왔었나? 안 왔다. 바쁜 일이 있었다고 했다.

금요일은 국문학과 교수 전원이 분당 쪽 '야탑'에 모여 윤덕진 교수 차를 타고 웅포행 우어회를 먹으러 갔다. 하루 종일 행보였다. 12시경 우어회와 황복탕을 먹고는 그 길로 서해안 고속도로를 타고 인천행. 그곳에서 긴 저녁 식사시간을 가졌다. 집에 오니 11시 반경. 그리고 다음 날은 토요일이었다. 옛 동지들 모이다. 대학원 학생들 배정상, 구장률, 이유미 부부, 고훈, 반제유, 이상준, 가람이 등은 일찌감치 광주엘 와서 책들을 정리하였고, 불판에 돼지고기를 굽고 싱싱한 야채를 곁들여 맛있게 하루룰 보내기 시작하였다. 밤에는 앞집 호성이네 집에서 불러 모두 그곳에 가 내장구이로 소주와 가진 술을 다 마셨다. 어른들은 모두 가고 학생들만 남아 밤새워(새벽 4시경?) 놀다가 잤다. 나는 물론 좀 일찍 일어나 잠을 청했지만 나이가 나이인지라 몸이 무겁다. 어제 일요일에는 조명행 대사가 김읍자 부인과 함께 오후에 들러 저녁 식사를 오붓하게 하고는 많은 이야기를 나누고 헤어졌다. 그리고는 오늘이다. 아아 바쁘고 바쁜 일정이 무정하게 굴러가는구나!

천둥 번개 바람

아우성치는 소리에 잠이 깨다
왜 저리 노여워 소리 지르나
창 밖은 온통 소리
바람도 소리가 엔간하구나.

번갯불이 눈에 번쩍
아 저 소리
쩌러렁 끄아아각
밖은 수근대는 나무들 수런수런
머리 조아려 사죄하듯
너무 요염 떨던 봄 꽃
목련이 벌벌 떨며 비는구나.

사람들 눈에 올라 그리도
뻐기던 꽃들 저 소리 노염 불 재우려
땅에 꽃잎 지우며 속절없이
빌고 또 비는구나.

2006년 4월 19일 아침. 어제부터 날씨가 뒤숭숭하더니 아침에는 천둥 번개로 봄 꽃송이들의 야한 호들갑에 철퇴를 내린다. 꽃들이 너무 벌려놓았다. 천기를 누설한 죄로 바람도 소리를 지르며 이리저리 마구 꽃잎들을 후려갈긴다. 어제저녁은 우리가 음주가무로 엄청나게 소리를 지르고 노래 불렀더니 그것조차 하늘이 시기하는가? 은희경, 구자명이 〈토지문화관〉에 머물며 작품을 쓰고 있어서 우리 국문학과 교수들이 학과비로 저녁과 술을 샀다. 마침 은희경이 단편, 중편 한 편씩을 완성하였다 하니 술 생각이 얼마나 났겠나? 구자명 또한 술이 들어가니까 와장창 끼가 동해 노래방까지 갔다. 술맛과 노래 맛이 어울려 꽤나 마셨는데, 윤덕진, 임성래 선생들이 끝까지 자리를 지켜 주었다. 영빈관에 오니 배홍식 교수가 먼저 와 있다가 일어나 또 한 방울씩 마시고 잤다. 복분자술과 맥주! 핏빛 복분자술을 끝까지 다 비우고 잠에 들었다가 아침 바깥 수런대는 소리에 잠이 깨다. 백운산이 완전히 흑운산이 된 채 하늘이 부리는 난리 등을 지켜보고 있다. 아아 저 기막힌 시새움소리!

외양간 잠자리와 장독

외양간 구유가 놓이고
쇠죽냄새 풀냄새 싱그러운
잠자리에 누워
어제 인생을 반추하고 간
어느 여교수의 은밀한 매력
혜연이

그 외양간 잠자리에 들면
장독대 항아리들 반짝이고
대봉 감나무 묵묵
잎새 피워 올리며
바쁘고 즐거운 일꾼들 노래
힘차게 물 길어 올리는 팔뚝
5월 봄 향기로 싱싱하구나.

2006년 5월 8일 아침. 어제는 참 바쁘고도 피곤하였다. 그저께 집에 왔던 김혜연을 사랑채 왼쪽 책방에서 재워 아침 9시 50분 차로 보냈다. 이호성이네 집에서 그저께 가졌던 모임이 성황이었다. 우리 아이들까지 모두 합하면 열 대여섯 명이나 되는 사람들이 불판 주변에 둘러앉아 장어구이로 술판을 벌였는데 혜연이가 들고 온 엑스 오 코냑을 내놓고는 그걸 맥주에 타서 폭탄주로 만들어 마셨다. 집에 와서는 다시 매실주로 시간을 죽이다가 잠이 들었는데 어제 오전까지 내내 술이 덜 깨고 비실거리는 가운데 인천 아우네 식구들이 왔다. 인천 작은어머니, 현구네 부부, 성남 미자네 부부 이렇게 모여 남은 돼지고기를 구워 먹이고는 쑥 뜯는다고 들판으로 나아가 허리운동을 하고 들어왔다. 오후 늦게 외양간 사랑채 한편에 펴놓은 침대에 누워 잠을 좀 자둔 채 막내딸과 우리 부부끼리 비로소 오붓한 저녁을 먹었다. 오른쪽 어깨에 통증이 더 자주 생긴다. 아내도 오른쪽 팔이 아프다고 난리다. 일을 너무 많이 한 탓이다.

코스모스

꽃에도 육친의 정이 있다.
코스모스 씨앗을 뿌리는 아내
내 마음 속에 와 닿는 풀 씨 같은 그림
어머니와 일본 간 동생이 좋아하던 그 꽃씨 묻으며
봄 날 아침
아내 눈 속에 긴 그리움 그늘 내려앉는다.

2006년 5월 8일 아침. 아침밥을 먹으며 아내가 말한다. 코스모스 씨를 뿌렸노라고! 아하 당신 일본 동생 정숙이를 위해서 그걸 심었지? 처제 그리움 때문에 그것을 꼭 찾아 심더라! 아아 왜 이래 우리 엄마도 그 꽃을 얼마나 좋아했다고! 아하 그랬구나, 당신 마음 속에 든 그 어머니와 여동생과 말은 안 하지만 정박이 오빠도 꽤나 그리워하고 있지! 코스모스 꽃에도 아니 무슨 꽃에도 육친이나 사랑하는 이의 정이 들어 있다는 걸 이제야 알겠다.

웅녀와 호랑이

젊음은 아름답기도 하지
여인으로 바뀐 곰 앞 호랑이
몸은 뒤숭숭한 가려움증 벅벅
너 잘도 참더니 그 쑥 맛
여인으로 변한 곰 너!
웅얼거리는 호랑이 앞 처녀 웅녀
너 그 못된 버릇 참지 못하는 쑥 맛
이 술 한잔으로 가려움증이나 고쳐볼래!
천주(天酒), 너 같은 중생들 위해
쑥과 마늘 네 몸 속에 붓자!
너 이 하늘이 내린 술 천주
마셔나 볼래?
아아 나는 웅녀, 참던 쑥 맛 내 마음
이제야 알겠네.
미뿐 호남으로 네가 태어났더면
아아 참지 못하는 네 마음 옴쟁이 호랑이로구나.

2006년 5월 16일 아침 영빈관. 억만장자 회장 이국환

의형제 아우를 위하여 이 시를 짓다. 그가 만든 천주는 내가 먹는 술 가운데 가장 맛이 있고 향기로우며 그 뒤끝이 산뜻하다. 게다가 이 회장은 이 술로 여러 사람의 아토피를 고쳤다고 주장한다. 소화기능 강화, 빠진 머리 솟게 하는 약, 암 덩이를 오그라뜨린다고 이 회장이 주장하는 이 술은 정말 내가 자랑하고 싶은 술이다. 뿐만 아니라 이 쑥 발효주는 식초로 만든 다음 만드는 술이어서 더욱 마음을 사로잡는다. 그에게 주고 싶은 말을 이런 운문으로 지어 그가 만드는 술 마신 기념을 삼고자 한다.

나고야에 오신 유옥이 할머니

할머니 나고야엔 웬일로 오셨나요?
나고야 간코 호텔 1742호에 낮잠 자던 손자 잠 깨우러
그 먼 길 달려오셨나요?
부실하고 맺힘 없는 이 손자 걱정
여주 나지막한 산 한 보금자리가 불편하셨나요?

대책도 없이 이리 저리 나대며
그날도 늙은 이 손자 하염없이
일본 땅 남의 나라 높은 방에 누워 큰 시름
시름겨워 낮잠 자던 이 손자 아직도
못미더워 거기까지 먼 꿈길 속
내 마음 속에 흔적 남기시나요? 할머니!
그냥 그대로 편안히 누워
내가 거기 갈 때까지 그대로 편히
쉬면서 할머니! 그리운 할머니!
좀 더 기다리구려!

2006년 5월 22일 밤. 비가 억수로 쏟아지던 이 밤에

나는 다시 나고야 호텔 방 1742호실로 간다. 19일 밤이었나 아니 19일 낮이었다. 일본 나고야! 처제 손정숙 막내둥이 변달호 혼인식에 우리 세 식구가 처남부부와 같이 일본에 왔다. 아내, 새람 그리고 나! 아내와 막내딸 새람이는 밖에 나가고 나만 방에 누워 이 청춘의 산문집 마지막 장을 다 읽고 있었다. 그리고는 깜빡 잠이 들었는데 유옥이 할머니가 보였다. 무척 쓸쓸하고 고적한 낯 빛이었던 것으로 보아 뭔가 내게 좋지 않은 일이 일어나려고 한 것을 알려주려고 오신 것이나 아닐까 하는 불안을 느꼈다. 아니다 그게 아니다. 내가 요즘 할머니 묘소에도 잘 안 가고 하니까 화가 나신 거나 아닐까? 나고야에서 내내 그 생각을 굴렸지만 이렇게 기록할 시간이 없었다. 여기 적어 그 소회를 남긴다.

농부 이성룡 씨의 하루

봄철 새벽 다섯 시 눈뜨기
몸은 어제 일로 무겁다.

식물이 봄을 기다리자 농부는 바쁘다.
농부 발자국 소리로 자라 꽃피고 익는 토마토
여덟 동 비닐하우스엔 꿀벌들이 잉잉대지만
논에 벼 심는 일로 물 첨벙 흙 첨벙
마음은 밭두렁 논두렁 쉴 새 없어
손은 귀하고 식물은 농부만 쳐다본다.
이리 뛰고 저리 뛰고 이 논 저 밭 맴돌다 하루해가 기울면
아아 왜 이리 봄 날 어지러운가?
홀딱 벗고 새 울어 짝짓기 끝나면
내 농부 일 얼추 끝나나?

논농사 밭농사 짓는
하루 해 긴긴 몸 쓰는 일
오늘도 하루가 다 갔구나!

밤이면 고된 몸 누워
낮 밭두렁 논두렁
날듯이 자란 풀잎 눈에 삼삼
담날로 내 삶 바쁘게 저어가는 구나.

2006년 5월 23일 저녁. 아주 오랜만에 집에 와 닿은 것 같다. 긴 바다 여행에서 돌아와 부두에 닿는 느낌으로 이성룡 씨 부부를 불러 농사 이야기 듣다가 이런 기록을 남긴다. 남편은 논에 벼 내고 아내는 토마토 밭에서 하루 종일 식사도 거른 채 하루해를 보내었다고 했다. 내일 벼 심는 일마저 하려면 일찍 잠들어야 한다고 서둘러 그들은 갔다. 나도 몸이 물먹은 솜이다. 이제 자야 하는 데 새람이가 아직도 집엘 못 왔다. 그 아이도 6월 행사 마무리 때문에 밤 근무가 있어 늦는단다. 봄이 참 바쁜 계절임을 알겠다.

경안천 잉어의 외출

잉어 두 마리
경안천 잉어
물길을 차고 뛰어
꼬리만 물에 걸고 일어나다
커다란 잉어
잠시 튀어 오른 눈길 속에
짙푸른 서하리 산들
외길 걷는 한 부부를 본다.

5월의 막바지
경안천 둑길에 지천인 엉겅퀴
세 뿌리를 캐어 안은 부부
잉어 두 마리에게 들켰다.

덩굴손을 나무로 치며 꾸짖던 아내
남편에게 핀잔 듣자
이 놈은 좀 맞아도 싸다고 중얼중얼
비록 남의 몸통 감고 오르지만 그 풀
그도 살려고 발버둥치는 걸 왜 그리 야단이냐

경안천 잉어 두 마리
튀어 오른 김에 아내 눈길만 피해
두툼한 몸통 사내에게만 보이는구나.

그런 풀숲에 덮인 들판 이야기
길은 외줄 빙빙 둘러
논밭을 휘도는구나!

잉어의 외출은 이런 부부 구경 나온 나들이었겠다.

들판 휘도는 경안천 금빛 잉어
지금은 물 속 어느 곳에 눈만 꿈벅이겠네.

2006년 5월 25일 밤. 아까 낮에는 경안천 뚝방을 걸으며 지천으로 핀 엉겅퀴 두 뿌리를 캐어 입고 간 아내 잠바로 둘둘 감아 안고 남들이 볼세라 돌아오던 길에 잉어 두 마리가 두 곳에서 껑충 뛰어 큰 몸통을 드러내었다. 두 번 다 아내는 보지 못한 채 잉어 꼬리만 보았다. 아내가 들고 가던 나무 지팡이로 덩굴손을 때리는 것을 내가 말렸더니 이놈은 너무 남을 감아서 야단을 좀 맞아야 된다고 볼멘소리를 낸다. 잉어가 그것을 알고 아내에게는 그 몸통 구경을 안 시킨 것 같다. 히야 그놈들 참!

2006년도 5월의 환

아아 세월 참 빠르다!
누군가 만나는 사람마다 중얼거린다.

5월이 그렇게 빨리 가는 것
뻐꾸기도 꾀꼬리도 홀딱 벗고 새도
텃밭 상추 자라듯 그렇게
세월이 빠르기만 한 것.
거기 뻥한 논리와 법칙 있다고
김명복 학설로 내세운다, 낭만주의자 김명복!
어린 아이 5월 들판에 펼쳐진 시간
아아 그 긴 꼬리, 앞에 아무 것도 없는 해
길기도 길다 더디 가는 세월이다.

어른이 되자마자 그 고상한 어른
꽁지에 불붙은 짐승 되어 달리고, 달리고, 달리고
일깨나 하는 듯 칙칙 이어진 만남, 계획, 약속
내달리는 인생 시간은 턱도 없다. 김명복 학설 조만간
사이언스에 실려 노벨상 깜으로 똑 알 맞는 학설
임성래 학설은 좀 다르게 이 긴 여름 해

5월의 환, 마음 그림자 두르며 말한다.

아 그건 내 학설과 다르다
나이 들면 움직임 굼뜨니 시간이 비례하여 빠르게 갈 수밖에
586 컴퓨터 시간에 탄 386 몸 기능
둘 모두 노벨상 깜 학설의 이 5월 환 내겐
그냥 지나가는 물소리 바람소리
샘물 터 구멍 속에 머리 내밀고 불룩이는 두꺼비
눈 굴리는 소리

6월 되자 5월이 내게로 이렇게 다가와 속삭인다.
그거 모두 네 몸에 붙은 그림자, 스치는 환이라!

2006년 6월 3일 아침. 6시면 날이 샌다. 어제 부부가 끙끙대며 사 짊어져다 놓은 각종 야채를 아침에 일어나 다 심었다. 가지 6그루, 오이 28그루, 박 5그루, 조롱박 5그루, 그리고 고구마 29그루 아아 아침부터

힘들었지만 땅속에 묻은 식물들이 뿌리 운동을 시킬 생각 하니 즐겁다. 오늘은 가람 시가 어른들 만나러 가는 날이다. 첫만남 날 아침 아내가 내 머리를 매만져 골라주었다. 최선겸 교수 전화를 받다. 윤동주 시 『닭』에 대한 문의였다. 이제 곧 나가야 할 시간이다. 아내는 옷 입느라 분주하구나! 나도 가야지!

서하리 뒷산 꿩 알들

서하리 뒷산 짙푸른 참나무 숲
거기 작은 새들 종알거리지만 꿩 꾸엉 꿕꿕
첫 대면에 내 낯 외면하던 뒷산 꿩
알깨나 낳았나보다.

기웃이 나를 넘겨다보며 꾸엉 꿕
시침 떼는 장끼 한 마리 까투리 숨겨둔 채
네 속셈 다 알고 있지만
내 오늘은 참는다. 네 알들
그 파르스름한 조약돌 알
먹음직하지만 네 걱정 슬픔 쯤
나도 알아 네 둥지 속 새끼 자산들 모른 척 하기로 한다.
그래 모른 척 하자꾸나!

2006년 6월 4일. 뒷산에 꿩이 알을 낳았나보다. 찾아보면 분명 거기 어디쯤 소복하게 알들을 낳아 까투리가 품고 있겠지만 그걸 주워다가 삶아 먹을 만큼 알

이 궁하지는 않다. 어제 최동호 교수 부부와 이성룡 씨 부부, 그리고 우리 새람이, 호성이 등이 모여 걸판지게 먹고 마시고 하였다. 너무 걸판져서 오늘은 정신이 다 멍멍하다. 술 한 독을 다 비웠나보다. 이러다간 집들이니 출판기념회니 뭐니 다 빈 술독으로 치러야 할 판이다. 멍한 상태로 저 뒷산 꿩 부부의 시침때기 울음소리를 음미한다. 감미롭구나! 퍽 감미로워!

04 »»

당신은 언제나 그렇게 거기

한 낡은 교수 부부와의 전쟁

선전포고 1

오늘 아침 네가 맞은 침
내 비록 돼지감자, 북미 산 원산지라고 내 고향 밝혀 낸
서하리 내 고향 돼지감자
힘겹게 네 삽질 피해 싹 땅 속 깊이
피워 올린 그 귀여운 내 잎들을 네가 싹뚝 뽑고
네가 읊는 그래 나는 돼지감자다.
한 때 너는 몸에 좋다고 동네방네 떠들어 내
흙 속의 알짜 밤톨 같은 감자들 캐어 누구누구
에게, 에게 돌려 살 빼는 데 좋다
혈압 조절에 어쩌구, 얼씨구
이제 내 본 모습 들어내자 나를 없애려고 가진 애를 다 쓰는구나.

지난 주 나는 네 아내 팔뚝에 침을 놓아 아마 좀 가렵고 따끔거려
밤잠께나 설치겠지. 오늘 아침 네 종아리에 세 방 쏘아 준 그것
나는 돼지감자다. 우습게 여기는 개-돼지 툭하면

이름 붙여
얕잡아 보는 네 습성 오늘 내 침 맞고 너
저 먼 나라 카리브 해역에 있던 타이노족 알지?

탐욕과 야심 찬 스페인 이사벨라 여왕 꾀어 개척한 답시고 신대륙이라
그곳에 살던 주민 백 년 만에 멸종시킨 역사 깡패 콜럼버스 심술
무지스런 그 심보와 네 얇은 속셈 무엇이 다르랴!
개척, 개척 정신에 빛나던 양키들아 들어라!
나는 비록 돼지감자이지만 너 인디언들 화살 촉 맛
따끔거릴 그 맛 제국주의 눈 먼 정신에 놓는 침 저주의 독 맛다!
그러고도 너
늙은 교수라나 뭐라나 바지런한 마누라 시켜 뽑고, 뽑고 캐어
내 종족 없애려 하는구나.

돼지감자의 설음과 슬픔을 담아 타이노 족, 인디언

모든 설운 인류에 앞장서

내 이 복수의 침 맛을 선전포고 삼아 보낸다.

2006년 6월 5일 아침. 연구실에 왔다. 최인호 교수 차로 연구실엘 왔는데 아침에 풀을 뽑다가 풀쐐기에 쏘여 다리가 따갑다. 송진 죽염을 바르고 학교엘 왔다. 돼지감자에게 영 염치가 없다. 아내는 병원엘 가든지 약방엘 가서 약을 사다가 먹고 발라야 할 판이다. 이 이야기를 최 박사님에게 하고 왔다. 그가 쓴 소설 『별』을 내리는 내게 최 교수는 돈 봉투를 꺼내어 준다. 원고료 조라고 한다. 이걸 얼결에 받긴 하였는데 그것 참! 30만원이다.

숲 속의 윤덕진, 술 마신 시신

6월의 숲은 어둡고 깊어
밤은 그윽한 속삭임
연인들로 달다.
윤동주 시비 앞에 서서
박지원의 고고한 술꾼 시절을 이야기하던 그,
지금은 매지리 호숫가 싱싱한 그림자 휘날리며 걷고 있겠다.

백탑, 지금은 탑골 공원 드높은 자리 해거름 따라
무수한 말들 쏟아 붇던 그 긴 세월
박지원, 연암 호연지기 겁모르는 그 기세로
빈 주머니 휘날리며 휘젓던 그 거리 마음자리
오늘 윤동주 빛나는 별빛 시비 앞에 서서 깊은 숲 속
우리는 하늘에 뜬 달 빛 받으며
술 마신 기운 별빛에 닿는다.

윤덕진 그는 누구인데 어쩌자고 그리 술을 마시나
한 시절 그도 가출과 출가로 어버이 속께나 터지게
터지게 하였다던 그가 깊은 우물자리 마음에 담고

오늘은 정현기 술자리
끝내 지키며 나이, 맞다, 나이 좀 먼저 든 내게
별 빛이 무엇이지 묻는다.

나 시방 별 빛
윤동주, 윤덕진 먼 별빛에 취해
두 시신 도움 받아
별 없는 방 촛불 그늘 아래 앉아
돌아가 지금은 잠자리 보며 나를, 아아 나
생각의 그물 잡고
그윽한 눈길로 무언가 멍
빈 손바닥 바라볼
그를 그린다.

2006년 6월 6일 새벽 12시 반이 좀 지났다. 저녁식사로 교육대학원 학생들이 내는 닭을 한 마리씩 먹었다. 배가 불러 술 맛을 잃은 채 연구실에 오자 나는 윤덕진 교수를 끌어 양주 반 병을 더 넘게 마셨다. 이 무슨 행세인가? 잔뜩 술에 오르자 걷기 시작하여 윤동주 시비 앞에 서니 푸른 별, 붉은 별 노란 별들이 반짝인다. 백탑 가에 둘러앉아 술 마시던 연암 박지원 이야기에 나는 취했다. 광통교 인사동 그 거리를 휩쓸며 이덕무 초정(박제가), 유득공, 이서구 등과 술 마시고 기염 토했다던 박지원을 생각하자 기이한 생각이 든다. 그 엄청난 글쓰기로 사람 마음 사로잡던 박지원이 그 시절에 그렇게 마셔댔다! 윤덕진 선생의 생각 사다리가 점점 높아지는 걸 알겠다. 기분 그거 참 째진다.

별을 뒤로하고 막 돌아서려는 찰라 밤늦은 시각, 아내로부터 전화를 받았다. 안 하던 전화! 사돈 될 그분 내외분이 내일 여길 오신단다. 약속의 약속이 겹치는 그런 날이 오늘 밤에도 이어진다. 내가 지금 생생하게 살아 있다는 증거이지. 내일은 일찌감치 박경리 선생 댁엘 들러 내 시집을 드리기로 약속한다. 마침 가람이와 고훈도 인사를 하러 가야 도리여서 그렇게 가람에게 일러 놓았다. 6월의 밤 으슥한 숲 속에 윤동주 시비는 별빛이 계속 찬연하게 빛나더라! 좋다.

주채혁

아침 잠결에 전화를 받다
주채혁, 눈 크고 성질 욱
급하여 불같은 이
몽골 시베리아 들락거리더니
역사학자 곁가지로 오늘 그
시로 등단하겠다네.

등단이라! 어디 그런 곳
무대가 있었던가? 오늘 곰곰
각종 시험대와 성벽 관문 텃세 생각한다.
백탑시파라 스스로 불러 박지원
이덕무, 박제가, 유득공, 이서구(李書九)
종로통 백탑 가에 모여 침 튀기며 나라
나라 걱정하던 문인들 앙앙불락 그곳 백탑 가
생각하며 주채혁 당신도
앙앙, 앙앙 불락이 지금도 사무치는구나!

이십 여년 어름께 한 악당
나라 발칵 뒤집어 사람께나 죽였던 아무개

뒤 폭풍 맞아 직장 쫓겨난 그들
김정수와 또 누구였나 일민이라 기옥
끈끈한 연 실타래 이어 오늘도
늙은이 버릇 흉내 내어 새벽바람
새 나라 어린이답게 전화질이로구나!

몽골 사막 저 시베리아 어디로 쏘다니는 역사학자
그래 시인이라고 불러주자! 주채혁 당신
밝은 그대 목소리 이 6월 사막깨나 덥히겠구나!

2006년 6월 7일 아침 영빈관. 어젯밤 10시부터 잠들어 아침에 눈 뜨니 6시라. 그럭저럭 몸도 풀린듯하여 운동을 막 마치려는데 전화가 온다. 누굴까? 이 밤중에! 아니나 다를까 주채혁 교수다. 논문 지도를 맡고 있는데 서론, 결론 대신 머리말, 맺음말로 쓰게 했더니 심사 교수들이 시비란다. 굳은 돌대가리들! 서울대학교 출신 교수들이라는 구나. 문뜩 어젯밤부터 임성래, 윤덕진 교수들에게 들었던 백탑시파 이야기가 떠오른다. 이서구만 빼놓고는 모두 서얼 출신이라! 머리는 천하를 꿰뚫고 지식범위는 동아시아 전역을 훑어 최고의 눈길을 지녔으나 거들떠 보들을 않아 정조(正祖) 왕이 이를 아깝게 여겨 도서관 사서쯤의 벼슬로 달래었으되 어찌 앙앙불락하지 않았을까? 주채혁 교수가 또 전화 말머리에서 이제 자기도 시인으로 등단하리라고 한다. 문인 신동춘을 만났는데 어느 문예지로 등단을 시켜주겠다 한단다. 이 주책아! 하고 싶었지만 참기로 한다. 이제 우리 나이에 무슨 등단인가? 그냥 써 놓으면 되지 무슨 놈의 관문 통과의례인가? 각종 파벌로 문예지를 만들어 성곽 벌리듯이 그곳에 오려면 갖춰야 할 형식이 있는 듯이 만들어 거기 통과해야만 문인으로 행세할 수 있는 듯한 더러운 관념을 만들어 굳혀왔다. 김동인이 만든 동인지 〈창조〉로부터 이 병폐는 만연하였다. 주채혁 당신도 거기 걸린 거라! 아침이니 그래도 축하는 정중하게, 아암 정중하게, 하리다!

맛들의 샘

비 내린 날 오후
꽃들이 맑게 웃으며 흐린 하늘 밑 서하리 땅
우선
조선 꺽다리 배추 네 잎
상추 네 잎 그 폭도 두툼 넓적한 붉은 깃발
깻잎 네 잎
연한 아욱, 된장 속에서 몸을 비틀고
수줍은 그 아욱 잎
국
식은 보리밥 쌈
땅은 왜 이렇게 씨만 들면 예쁘게 수줍은 잎들
내 입속에 닿을 향기 영글게 하는지
배가 어떻게 부른지는 그 맛
도저한 맛들이 노래 불러
2006년 6월 하고도 11일 저녁 답
샘처럼 부풀어 오른다 아아
맛들의 샘이어!

2006년 6월 11일 밤. 8월 13일 백담사에 가서 발표할 '기독교와 샤머니즘'에 대한 글쓰기를 마쳤다. 원고지 67장. 아아 어깨가 뻐근하다. 가람이와 고훈 군이 그들 혼인 절차와 준비로 기뻐 날뛰다가 원주로 돌아간 다음, 아니다. 그 즈음하여 박경혜 선생이 사진기를 들고 왔다. 술 두 말에 부을 물을 뜨려고 고훈 군과 샘터로 간 사이의 일이었다. 발효한 쌀밥에 물을 두 말쯤 붓고 나니 할 일 하나가 마쳐진 셈이어서 기분이 가벼웠다. 박경혜 선생은 정말 집중하여 꽃들에게 눈을 맞추면서 사진기를 돌린다. 그 적요한 집념이 아주 좋아 보였다. 그도 내가 호성이네 토마토 농장에 가서 직접 따 온 토마토 한 곽을 들고 집엘 갔다. 우선 나는 한숨 자는 일로부터 오후를 준비한다. 저녁은 우리 두 부부만 남았다. 남은 보리밥에 침을 삼키며 나는 마당 툇마루 앞에 심어진 조선 꺽다리 배추 네 잎을 따다가 상추 네 잎과 깻잎 네 이파리, 아욱국으로 목을 축이면서 보리밥을 고봉으로 먹었다. 배가 남산만 하게 커졌는데 글쎄 그 야채 맛이 어찌나 그리도 신통한 지 원! 그런데 인사동에서 전화가 왔다. 이경숙으로부터 시작하여 김인경 교수가 바꾸어 반가운 인사들을 나누었다. 마침 그때였다. 유재원 박사로부터 전화가 온 것이다. 아까 그리스 신화 책 문제로 전화를 했다가 운전 중이라고 하더니 집에 들어가자 전화를 한 것이다. 역시 반갑고 즐거운 통화였지! 다정하고도 마음 주기에 손색이 없는 그런! 그래서 이 글로 오늘 밤을 축복하고 이제는 늦게 올 새람이 기다리는 일만 남았다. 아침도 굶고 간 막내둥이, 불쌍한 것 쯧쯧!

당신은 언제나 그렇게 거기

오늘도 당신은 그렇게 거기
심상한 얼굴로 앉아
눈 뜨고 가끔 한숨도 숨기면서
여러 눈과 귀, 입과 손, 그
깊은 슬픔도 자리 한 귀퉁이에 서린
그림처럼 앉아 언제나 그렇게 거기서
무얼 보나?

해는 서산에 뉘엿뉘엿 뒷짐져
봉우리도 맑은데 당신
오늘도 그렇게 거기
슬픔이라도 그림으로 바꾸어
내 가슴 깊은 우물 거기
젖은 눈길로 내려앉나?

당신은 오늘도 거기 그렇게 앉아
세상 모든 시름 고운 눈망울
젖은 눈가에 담는구나.

2006년 6월 13일 저녁. 오늘 윤동주 백일장 예심을 끝내고 〈소설사〉 기말고사도 끝을 냈다. 저녁 식사를 끝내고 나니 술이 취한다. 또 술이냐? 아내 목소리 징징거리지만 토고와의 이상한 축구 전쟁을 지켜보다가 영빈관에 오니 여러 생각들이 겹친다. 고운기, 이현식, 박경혜, 김명석, 최현식, 김재영 박사 등이 와서 심사를 마치고 갔다. 심란해 보이는 그들이 좀 안타깝다. 그래서 이런 글로 오늘 하루의 날줄을 긋는다.

어째서 사랑 고리 아래에 있나

수십 번 성교를 하면서 불만이 있었다.
왜 하필 성교는 그렇게 두 가랑이
이상한 사이길 미묘한 갈림길에서 만나
둘이 서로
힘든 허리
땀께나 흘리는 움직임으로 가게 만들었나?

위에서 누르고 밑에서 지르는 그런
사기들 치지 말라!

그래서 요즘 위로, 위로, 또 위로
여인들 올라가 다른 요동 배들 젓지만
그것 또한 아래, 아래 맞추지 않고는
이름 하여 사랑이 안 되는 그런 사랑 법

하 이상한 이 사랑 법 모양 따라 눈 귀 모두
아래로, 아래로, 아래로 아 아래로 흘러
흘러만 가는구나!

이 이상한 글은 언제부터인가 이 컴퓨터에 들어 있었는데 누가 쓴 것인지 너무 음란해 보여서 그냥 내버려 두었는데 오늘 또 보니 여전히 야한 내용이다. 누가 썼을까? 그게 나일까? 내가 어쩌면 이따위 글로 컴퓨터를 모독하였을까? 다시 읽어볼 생각으로 옮겨 놓는다.

어머니 오셨다 가시다

06년 6월 16일 밤 아니다 자정을 지나 어머니
나의 어머니가 아버지 모시고 집에 오다
지리산 산나물, 김 여련화 선생 한 보따리 보낸
취 맛이 하도 신기해서 어머니 치악산 산나물
뜯어다 팔던 어머니
나의 어머니도 그 맛 알아보시려니
오늘은 아들도 술 취하지 않고 엎드려
큰 딸 시집간다는 내 마음 그 속 알려도 드릴 겸
큰 아들 중국에 가서 도무지 갈피, 갈피 아아 그리
운 아들.
한결이가 서울서 다 내려오고
담근 술도 제대로 익어 있어 함께 오신 아버지
석 잔 부어 드리다.
막내 딸 새람이는 김지하 일 다가오는 행사 준비
어제도 밤샘 비슷하게 하더니 오늘 아예
못 온다고 내뻗네, 그거 봐라 남의 일로 돈 먹는 일
그리
쉬운가? 어머니 이렇게 오늘밤은 조촐하게 모였네요.
며느리 음식 솜씨 아마도 오늘 참 좋았다고 칭찬 한

말씀
  지금은 벌써 그곳 당진리 뒷산 그 자리에 드신, 도란
도란
  말소리 들리네요.
  늦은 밤 음복술에 배가 미어지도록 먹고 마신 그
술 향기가
  서하리에 처음 오신 어머니 아버지
  마음에 차 기쁘게 흠향하셨는지
  소지를 올리며 깨끗하게 타던 불꽃 보기 좋아라!
  한백옥 어머니! 우리도 이제는 잠 속
  그 황홀한 잠 속에 들어 어머니,
  꿈에서 뵈오리다.

2006년 6월 16일 밤(새벽 1시 반)에 어머니 제사를 지내다. 나는 오늘 정릉 병원에 들러 하루 오후를 보내고 나서 낮잠에 취해 있다가 아내가 다 차려놓은 제사상 앞에 엎드려 절하고 나니 참 오랜만에 깨끗한 정신으로 어머니 앞에 무릎 꿇었다는 생각이 든다. 서하리에 와서 처음 지내는 제사라. 산 밑 방 마루에 차려놓은 제사상 모습이 아늑하고 그윽하여 마음이 아주 흐뭇하다. 아내는 참 제법이다. 정성 들여 차린 음식하며 차림새가 아주 고왔다. 고맙고 고마울 따름이지!

내가 만난 인생

눈을 떠 보면 낮
훤하게 밝게 더욱 훤하고 밝게 그러다가 아주
쨍쨍 빛나는 훤한 푸르름 저리 빛나는 하늘과 흰 구름
뭉글거리며 떠돌던 그 허공 새매도 날개 펼치며
눈부신 곡예 줄 타던 대낮 어름께
긴 낮잠과 하품으로 그 밝은 한낮이 기울면
알맞게 솟은 산마루 그리마 희미하게 무릎걸음으로 미끄러지고
온 동네 굴뚝마다 뭉게뭉게 연기
저녁 냄새 여러 음식 끓던 곳
으스스 밤이 오면
도무지 알 수 없는 곡절
살아있어, 살아있어 또 그렇게 살고 있다는 곡절
멋모르게 살아있었노라

오늘도 중얼거리며 왜 내가
여기 살아 있는지 곡절 모른 채
택도 없는 인생

머 엉 멍청 중얼중얼 마음 무릎 꿇고 묻는다.
아아 나는 왜 여기 이렇게 살아 있었는지
지금도 살아 묻는다.

2006년 6월 18일 일요일 낮. 어제 집에서 막걸리를 좀 마셨다. 글도 하나 썼고(정연희의 『가난의 비밀』에 대한 글 22장), 기분이 좀 심심하던 차 향선이 처제 부부가 왔다. 실직하여 은근히 기죽어 있는 신랑을 보니 술 생각이 났다. 그래서 마신 술이 처제네가 간 다음 호성이와 그 선배 되는 젊은이의 애인에다가 호성이 아버지 어머니까지 뭉쳐 밖에서 막걸리, 여름에 담근 술 실패한 막걸리까지 시음하며, 계속 마셨더니 지금은 좀 나른하다. 아니 그 싫은 담배를 너무 많이 태운 거라! 나 이 담배를 너무 싫어하면서 그렇게 정신없이 태우는 건 내 인생이 허둥댄다는 뚜렷한 증거다. 글 쓴답시고 한 대 두 대 석 대 넉 대 술 마신다고 한 대 두 대 이거 난리다. 다음 날 그 냄새가 아주 싫다.
어제 〈한겨레〉신문에 서경식 교수가 발표한다는 윤동주 「서시」 일본어 번역의 오류에 대해서 윤인석 교수와 통화를 마치고 이에 대한 글을 하나 꼭 써야겠다 싶어 여길 앉았는데 문뜩 어젯밤에 생각한 내 요령부득의 삶에 대한 글을 쓰리라, 하던 생각이 나서 일단 이렇게 적는다. 안병영 교수와 통화! 가람이 시집가는 행사가 끝났다고 믿고 있어보였다. 돈 10만 원을 부쳐준 데 대한 고마운 인사를 하였다. 미안하고 고마울 따름이다. 자기 딸 결혼식에서는 그때 마침 교육부장관직을 맡고 있어서 부조도 못하였는데, 그때 명동성당에서 한 결혼식, 부조사양을 공표하여 사람을 매료시킨 분이어서 더욱 미안!

서하리 여름

밤과 문주란 꽃향기

한 낮 잠깨어 마당께 한 마리 뱀 활달한 움직임 보다.
저 화려한 뱀 꽃 아직 덜 여물어 몸 빛 덜 붉은 그 긴 놈
서늘한 내 눈에 아아
드디어 서하리에 여름이 왔구나!
우리는 들판을 향해 먼 여로에 나선다.
순하고 착한 일꾼들 들판 곳곳 움직임들 눈에 짜안 하다.
일로 허리 휜 여인도 보며
주황빛 개량 한복, 모자에
스카프로 감은 목에 햇볕 막는다는 아내
키 작고 통통한 몸매 들판 여행길에 짙푸른 여름 동산을 본다.
경안천 물가엔 여전히 잉어들 튀어 오르고
해오라기 느릿느릿 긴 목
그 놈 참 목 길기도 길지!

'애 꽃들아 나 일하러 간다, 집에서 잘들 놀고 있거라!'
이웃집 한 아주머니 지극한 꽃 사랑 아름다워

꽃뱀처럼 피어난 문주란 꽃 그 꽃 피걸랑 꼭 좀 불러 달라
오늘 바로 그날이어서 마당가 가득 메운 문주란 향기에
고수 꽃향기 맡으며 덕담, 덕담으로 꽃을 만지는구나.

온 마당이 꽃들 천지네!
오늘 하느님이 보낸 여름
서하리에 막 당도하여 뱀조차
나들이에 나서 꽃향기에 취하는구나!

2006년 6월 18일 일요일 오후. 낮잠을 늘어지게 자고는 일어나 내일 설악산 등반여행길 준비로 주섬주섬 껍데기들을 챙기고 나서 뜰에 무성하게 자란 조선 배추를 절이는 소금을 뿌리다. 그리고는 아내를 불러 내일 산행 연습 삼아 다리에 힘 좀 올리자고 들판을 향해 나섰다. 작고 아담한 아내 몸매! 오늘은 내가 성화를 부려 개량 한복 주황빛 윗도리를 입게 하였다. 막 나서려는 데 율무기 뱀 한 마리가 스르륵 사

랑채 문지방 밑을 지나 창고 속으로 들어간다. 어어 저놈 보게! 남의 집 창고 속에 들다니! 으스스한 마음을 누그러뜨리며 들판 길을 떠나 긴 길을 돌아왔다. 마침 마당가에 오랫동안 몸꼴을 다듬던 문주란 꽃이 피어올랐다. 이웃집 한 아주머니는 꽃을 얼마나 사랑하는지 당신 집 꽃 자랑에다가 이것저것 우리집에 없는 꽃은 분양해 주신다. 문주란 꽃이 피면 꼭 좀 알려 달라! 지난주에 한 말을 잊을세라 전화하니 금세 달려와 기쁘게 그 꽃에 눈을 주는 그 눈이 정말 아름답다. 농사일에 열중하는 일꾼들의 순한 얼굴들, 꽃들에게 아침마다 인사하고 다독이는 이웃집 아주머니! 뜰 앞에 피어오른 각종 꽃들과 그들이 내뿜는 향기! 서하리에 여름은 이렇게 시작되더라! 내일은 새벽부터 백경선 선생 차를 타고 설악산 등반에 나선다. 정년을 앞둔 마지막 동행 등산이겠다.

백경선

먼 길 돌아와 여기는 다시 아침
백담사, 조금 위 봉원사 뜰 앞 산들 우람한데
목탁소리 울울하게 온 산 쩌렁쩌렁
무슨 억하심정 나 저렇게 염불소리 앰프로 울리나

백경선 며칠 밤 내 이 날 등정 꾀하더니
안절부절 가파른 산길 소청봉에 오르니
안개 서린 하늘 이고 용 이빨 산, 공룡 능선 구비 구비
아득한 봉우리들 어울려 알밴 다리 우리
백경선 옛 친구 미국서 달려온 전명옥, 저 어디
강님 땅 흙 밟아 남편 건강 되찾아 준 황금자
바리바리 싸 온 음식으로 내 백수 될 기념 등정이라
임성래, 무심한 듯 마음 가득 찬 임성래

좁은 방 다섯 가득 채워 누워
잠자리 잠 못 이루는 백경선 피곤한 몸
한 톨도 잠 못 이루더구나.

이제 일어나 아침 안개 덮인 서하리 내 뜰 온통

몽롱한 정신에 눈과 코와 귀 열리니
온갖 꽃들 시샘하듯 저 김정수 몇 년 키웠다가 친새끼
이사와 양지쪽 올연히 앉아
문주란 꽃 고수 꽃향기와 씨름하는구나.

온갖 시름 모두 안아
온 머리로 이 걱정 저 걱정
마음 씨름하던 백경선 시름
아름다운 얼굴에 지금 구름 걷히듯
사라졌기를!
중청봉, 대청봉 지나 길고도 긴, 아아 참 길기도 길었던 그 산길 아직도
그곳 울퉁불퉁 돌들 누어있겠지.

꿈길처럼 걷고 또 걷던 그 산 길
내 몸 어디엔가 서리서리
알통 밴 다리 속
뻐근한 노곤함으로 숨어들었구나!

서하리 아침은 아내와 함께 내 어깨 위로
조용히 아늑하게 내리고 있구나!

2006년 6월 23일 아침. 19일부터 결행한 등산길 디딤이 다 끝났다. 내 생애 마지막 교수 연수회를 이렇게 마쳤다. 등산을 무사히 마친 기념으로 19일 밤부터 술은 또 얼마나 마셨나? 윤덕진 교수가 또 내 마지막 연수회 기념이라고 조니워커 블루를 가져와 20일 밤엔 2시까지 마셨다. 이기용 교수를 비롯한 노정선, 김영근, 이정자, 김명원 교수들이 또 그 밖에 박동권, 이규식 등 만나는 교수들마다 진심으로 어찌나 나를 축복하고 환대하던지, 텅 빈 마음에 사랑을 흠뻑 담아가지고 왔다. 모레는 큰 딸 아이 혼례식이란다. 어제 잠깐 이 아이 새살림 시작할 방을 둘러보고 왔다. 그렇게 귀엽게 자란 아이가 이젠 너무 나이 들어 늦게 시집을 간다 하니 실감이 영 나지를 않는다. 아비 생각에 틈이 없는 큰아이, 드디어 제 삶을 시작할 모양이로구나. 아내가 그제부터 목감기에 걸려 빌빌비리빌! 곧 감기 손님 나가주시기를 빌 뿐이다. 아침 콩나물국을 내가 끓여 직수굿이 앉아 먹었다.

05 »»

시인, 철학교수, 사기꾼

시인, 철학교수, 사기꾼

왜 시를 쓰나?
철학교수들 많은 이름들
서양 철학 독일도 영국도 프랑스도 철학
마음 밝힘들 있어 왔노라
동양 철학하면 아암 중국 공맹 가로되 에헴
그렇게들 지껄이다가는 이황에다 율곡 선생
간신히들 끼어 넣고는 리가 기를 업고는
기가 리를 삼키다가 삶이 다 그랬노라 중얼중얼
시인 그대들도 실은 다들 똑같다, 아아 아닌가?
양주 몇 잔 마시면 밤하늘도 노랗게 떠
마신 글 자리에 앉아
이 모두들 사기꾼이라 소리 지르게 한다
눈은 저 휘황한 영화? 제 5원소? 보며 저 서양 것들
거 참 희한한 사기꾼들 다 있네 그랴 모두 다
어릿대는 눈 그림자
왜 이리 마음은 비었는지 대강
알 듯 모를 듯도 한데 외줄 타는 현기증
아직도 나는 술이 덜 취했나보다
사기꾼들만 눈물 가득 지나가더니

또 다른 축구 축제 저것도 사기다
낄끼리 나라끼리 치고 치는 사기
이리 뛰고 저리 뛰고 눈은 아롱거려
술기운 이리도 벅차오르다니
너는 평생 이렇게 속아만 살았나보다
이제 그리웠던 잠 그러나 그렇게도 쓸쓸한
잠이나 청해야겠구나.

2006년 6월 24일 0시 45분이 지난다. 담배는 무슨 웬수냐?

큰 딸 드디어 시집가다

효심 깊던 이 아이 어릴 적
아비 눈치께나 볼 줄 알던 그래서
밥상위에 올라가 재롱 그래 그게 재롱이었지
입술과 얼굴 무릎 손 발 그 고사리 손가락
모두 연기재료로 써서 내 삶의 기쁨 연주하던 그 아이
이제 커서 시집을 갔다.
내 마음을 묻던 손님
그 마음자리 비었는지 가득
가득 차 올랐는지 아직 나는
어리벙벙 사방 두리번거리며
시집 간 큰 딸 발걸음만 눈여겨보곤 한다.

행여 이 아이 넘어질세라
아픈 소리 지를세라
그저 그 눈치 살피느라
내 정신 간 곳 없구나!

2006년 6월 28일 정오. 그 그저께 그러니까 6월 25일

큰딸 아이 시집가는 행사를 마쳤다. 아주 많은 분들 모여 와 축복해준 덕을 갑옷처럼 끼어 입고 멍멍한 마음을 다스리는 중이다. 여전히 이 아이들, 신랑 고훈 군과 다정하게 아침을 함께 들면서 꼼지락대지만 여전히 내겐 그저 어린 재롱둥이일 뿐이다. 많은 분들께 진 마음 빚을 어찌 갚으려나?

푸른 용들의 저녁 식사

밤이 오기 전에 용들은 식사를 한다.

용들의 식사라, 매지 골 기와집 흙 돼지나 푸른 고추 그 거대한 풋고추

식탁에 차려놓고

용들은 고구려 선승이나 고구려 말 값들에 대한 구구한 용틀임

언변에 능하고 임성래, 그 맑고 푸르른 용 틀음으로 이인재

두 깊은 앎의 산들을 뛰어넘고 드높은 하늘 가 저 먼

삶 길 간 선승들 차례로 따져 저녁 식탁에 내어놓는다.

적어도 40년 그쯤은 묵히고 갈고 닦달한 연후

내뿜는 말 기운이래야 드디어 거침도 막힘도 없는 말

묵언이 모두 최고치를 부른다고 푸른 용 불을 뿜듯

이인재 가로되 박경리 보라! 그도

「토지」 낸 연후, 그러니까, 글 수행 40여년 도 닦은 연후에나

막힘도 끊김도 거침없는 말길 되지 않더냐?

아아 그 용들 참 기막히게도 푸르른 기운
06년 6월28일 저녁 식탁에서 내 가슴 속
한 복판으로 찌르르 찔찔 스며드는구나! 그들
그 깊은 생각, 독서꾼들 용이 아니고 무언가?
나 어제 그 두 용들 앞에 앉아 맛있는 저녁 식사
즐기고 있었구나! 행복이었구나!

2006년 6월 29일 저녁나절. 겨우 강의를 마치고 어제 이인재와 임성래 교수, 그리고 아동문학가 정혜원과 저녁 식사를 하면서 그들이 정말 귀한 푸른 용임을 확인하였다. 오늘 저녁은 누구와 그런 푸른 용들임으로 맛나는 음식 맛볼까?

백운산 용틀임 멈칫 멈칫

매지리 백운산 때때로 용틀임 할 때
저 우렁대는 빗소리 거대한 머리
내 창가에 틀어 긴 수염으로 나를 간지른다.

오늘 아침 6시 반 이 용틀임 소리
그윽한 향기로 내 몸
창가에 와서 수염 달콤한 입김
내 눈에 닿는데 어디인가
새들도 숨을 멈춘 이 시간
아아악 꿱꿱 야아야이 이 놈들아
삼층 어느 방 쪽 소리
새도 아니고 용도 아닌 저 소리
단꿈 깨우며 술 취한 아침 저 사람소리
교수들 숙소, 그답게, 깨어진 그답게 비명소리 질러
용틀임 멈칫거리게 하는구나.

내 가슴 속, 용 그 움직이는 힘
유체의 꿈틀댐 멈추며 어깨 힘을 빼는구나.
덜 깬 술 새벽 투정소리

백운산엔 용들이 산다.
저들을 느끼는 이들 아침 잠 속에
끼어든 미꾸리 용 꿈
용들의 향기를 앗아가는구나!

2006년 6월 30일 아침. 영빈관 307호실에서 잠이 깨어 창밖을 보니 백운산이 온통 용틀임으로 그 속의 용 모습을 보인다. 아아 대단한 저 용자(龍姿)! 그런데 어디선가 큰 소리로 떠들썩한 싸움소리가 들린다. 혼자 저 발광인지 누구 동숙자가 있어 그에게 하는 행패인지 모를 외침 소리가 온 영빈관 전체를 울린다. 순간, 용의 수염에 간지럼을 타던 내 마음이 멈추고 귀가 자꾸 저쪽으로만 향한다. 누구일까? 수십년 돈 들여 박사하고도 막막한 시간강사의 설음! 나오면서 알아보니 309호실에 들었다는 어떤 강사인 모양이다. 문 모라는 사람. 울분이 아침 술기운으로 터져 나왔나보다.

노린재

너 발 촘촘 빽빽, 빽빽
많기도 많다 그런 네 몸 어디
긴 다리들 이순신 거북선 노 닮아 고물고물
지독한 노린내 방바닥이나 벽
설설설 기어 밥상 위 아무데나
옮겨 다녀 남들 싫게 한다지.

너를 싫어하는 건 장마철 그 긴 우수
눅눅한 시름의 눈길 속에 그리도 유연하게
설설 유유자적 네 걸음걸이 건드리면 냄새
그 싫은 냄새로 더욱 깊은 우수 깨워서 그런 거다.
사람도 너 닮은 그런이가 어디 있다지?

2006년 7월 3일 연구실. 어젯밤부터 이 노린재 생각이 났다. 우리 집 화장실이나 마룻바닥에 이놈들이 서서히 등장한다. 참 여름 손님 쳐놓곤 싫은 놈이다.

불놀이

도시는 불놀이에 흠뻑 빠져
밤이고 낮
낮에도 불은 켜져 깜박이며
눈정기 빼고
매지리 늪가 온통 불 소리
아우성치느라 숲들이 잠을 설치는구나.

나무도 새도 눈을 반만 뜬 채
밤새워 불놀이에 흔들리는 물결
한숨도 단잠에 들지 못하는구나.

대동강 물 위에 뜬 불놀이 배들
평양성 건달들 김동인, 주요한
물깨나 달뜨게 하였다더니
이젠 여기 매지리 오붓한 안개 마을
밤에도 불
설워
잠시도 쉬지 못하는 구나, 누구 불 꺼
물 나무 숲

쉬게나 좀 하지.

2006년 7월 5일 눈을 뜨니 4시 10분전이다. 창밖을 열고 내다보니 온통 불들로 숲들이 가득 차, 나무와 풀들 설치는 단잠에 힘이 들어 보인다. 문명은 나무들이 가진 수난 속에 든 질곡의 진창이로구나. 밤에는 새들도 나무도 잠에 들어야 하는데. 나무 닮은 사람도 이 문명 속에서는 단잠을 잃기 딱 알맞다. 이제 다시 잠을 청해야겠다. 정찬 단편소설 「깊은 강」이 바로 그거지.

미인

허리 잘룩 방뎅이
방둥이는 팡팡한데 그 가슴도 불룩
19세나 18세
잘룩한 허리께 늪 하늘, 하늘
길고 흰 다리였나
희고 긴 다리였나
죠이스가 그린 저 강가에 선 길고 흰 다리
거기 한 가닥 푸른 마름 잎 붙어 더욱
그 긴 학 다리 새하얗던 대리석 그 참
다리 길고도 희다.

다리 바침 하얀 발
가늘게 뻗은 발가락 끝
빨간 점, 발톱 점찍어 하얀 발, 샌들 위에 놓여 있구나.
하아 그 참!

예쁜 다리로구나
어제 본 그 처녀 참
눈은 까맣게 뜨고 멍멍하게 보던 눈

내가 미인을 보았구나!
행운이었구나!

2006년 7월 5일 5시경인데 잠이 올동말동하여 누웠다가 어제 본 처녀 아이 생각이 나서 벌떡 일어나 적어둔다. 어디서 보았나? 잠결에 본 것이나 아니었나? 가녀린 몸매에 다리 모양까지는 꿈엔가 진짜로 본 것이고 발톱에 칠한 매니큐어 이야기는 내가 지은 것이다. 주책!

김정수

아침 짬 긴 전화로 말들 잇다
웃으면 초승달 꼴 수박 닮은 입
천진하게 웃는 사람
한글 연구 10 수 년 째 그 타령으로 끈기 끈
한 우물 파는 집념도 대단한데
그가 오늘 밥맛이라 중얼거린 사람은 반 미국인
국문으로 보낸 편지 못 읽었다고 영어로 쓰라고 했다
그 밥맛, 맞다 그 밥맛없는 종자들
왜놈 시절엔 빠가야로 조센징을 밥 먹듯 입에 올린
조선 천치 밥맛들 지금도 종로 네거리 활보한다지
아마!

음식을 그렇게나 맛있게 먹을 줄 아는 사람 김정수
오늘은 밥맛없는 기독교 씨 내기들 내 욕설 잘 참
고 듣는다.

아아 예수 그 분 여기 오신다면
제일 먼저 찾아갈 곳 아마 내 짐작
궁성처럼 지어놓고 열심히, 열심히 예수, 예수 아아

아멘

팔아 챙기는 곳, 예수살렘 성전에 채찍 들고 가 그 왜
여호와 하나님 팔던 장사치들 후려갈기듯
여기 호화찬란하게 삐까번쩍 집 지어놓고
게거품 맞다 그 게거품 버걱버걱 무는
그런 사기꾼들 후려치겠지.

김정수 그런 내 말 고스란히 듣는 척 허허 그 참 허허
맞는 말 가려듣고 틀린 말 못들은 척 하하 허허
내 억지소리 받아 맛있게 웃으며 말 고르는
진국, 내 친구, 존경심 저절로 고개 숙는 그런
김정수 오늘 전화로 낄낄 껄껄 웃으며
삶을 나누다. 우정을 나누어 부둥켜안는다.

2006년 7월 6일 오후. 아침부터 이 이야기를 쓰다가 점심 식사 후 마쳤다. 김영근, 김명복, 이성한, 임성래 선생들과 된장 백반을 먹었는데 까르르 웃길 잘하는 기와집 며느리, 그 아름다운 며느리가 반찬을 푸

짐하게 주어 맛있게 식사를 마쳤다. 목 디스크로 비실대던 김명복 교수가 나타나서 반가웠다. 김정수는 믿을만한 사람이고 존경할만한 학자이다. 지나쳐 보이는 기독교 믿음만 빼곤 다 훌륭한 사람. 그를 아는 건 행운이다. 그러니 나는 행운아이지!

용들의 저녁 술자리

매지리에 용이 산다
큰 용, 작은 용 모든 용들이 살아 꿈틀 꿈틀
백운산 밑에 또 큰 다섯 봉우리, 오봉산 뭉게뭉게 구름
눈 더미 같은 구름
그윽한 눈길로 손길 바쁜 박경리 밭
토지문화관 식구들 하루 한 가지
찬거리 부산하게 움직이는 오봉산 용틀임
박범신 담배 사오라 담배 에쎄
급히 달려간 자리 거기 우줄우줄
정찬, 윤대녕 모여 앉아 귀례파 문인들 용틀임하는 구나.

하늘의 술 천주로 부어라 마셔라
주고받고 주고, 받고 권커니 자커니
어제 하루 저녁 한 자리
용들의 술자리 낭자하구나.

하루 밤 마음 즐거우면 어째

다음날 몸이 괴로운지 너
이제야 아는 듯
나른한 몸 기우뚱 기우뚱
용들의 술자리 아아
빙글대는 하늘, 몸 뉘어야겠구나!

2006년 7월 7일 아침. 어제 정 찬과 만나기로 약속한 것을 지키려고 신촌에서 온 계절학기 수강생 노문학과 강수진 양과 함께 임성래 교수 차로 〈토지문화관〉엘 갔더니 웬걸? 거기 박경리 선생님이 와 계신거라. 게다가 박범신까지 아니 윤대녕까지 와 있어서 예라 아직 우리 집 잔치는 끝나지 않았다 하고 모두 기와집으로 끌고 와서 술판을 시작하였는데 아하 그 술 〈천주(天酒)〉로 마실 만큼 마셔 대었다. 모두 일당백짜리 술꾼들인지라 마시고 또 마시고 나중에는 노래방에까지 진출하여 그 대단한 박범신의 노래며 윤대녕의 노래며 정 찬의 노래까지를 듣고 집엘 왔는데 아아 거기 방짝 배홍식 교수가 꿈틀대고 있지를 않는가? 마침 냉장고에 있던 천주 한 병을 나누어 마시고 자리에 들었는데 아하 그것 참 졸립고 또 졸려워라! 용들이고 지렁이고 다 귀찮구나! 아아 이제 곧 잠자리에 들어야 살판이겠다.

미안하다는 말로 때우는 것

어제 밤 마신 술자리
던지고 받고 던지고 받다가 행여 아뿔싸
남에게 던진 그 말 칼이 되어 가슴 한 복판
아아 피 철철 흐르게 하지나 않았는지
껄껄 웃으며 던진 그런 말에도 칼이 있다니 미안하여라!

사는 일이 왜 이리 미안 투성이인지
아침 종이들을 만지며 나는 죄인이구나!
이 반짝이는 종이들 너무 쉽게 주무르며 찢고 구기고
함부로, 함부로 이렇게
너 저 어느 뫼 우줄대며 섰던 우람한 나무 아니었나?
반짝이는 네 하얀 얼굴 위에 부질없는 글자 몇 자 적는다.
그렇게 적는다고 너를, 너를 아아
미안하다는 말로 이리
저리 마음 도망갈 구멍이나 찾는구나!

아아 어쩌나

아아 어쩌나
그 말 미안하다는 말조차 부끄럽구나.

2006년 7월 7일 매지리 연구실 소파에 누워 한잠을 자는 둥 마는 둥 하다가 일어나 컴퓨터에 종이를 끼워 넣으면서 불현듯 내 마음을 칼로 저미듯 찔러오는 종이의 물음이 사람을 곤혹케 하는구나! '너 정말 네 글이 진짜 나를 이렇게 마구 써도 될만한 글이냐? 어림없는 수작질 하지 말아라!' 싱싱한 나무였던 너 종이야! 어쩔 수 없다는 듯이 너를 마구 구기고 찢고 버리고 하는 나를 네가 얼마나 웃겠나? 네 칼날에 가슴이 베인 채 이대로 미안하다는 말로 얼버무린다. 부끄럽구나!

06 »

시인들의 밤길

미꾸리

우리 이름으로 사람들 툭하면 중얼거리곤 한다지
어쩌다 벽촌 시골 출신 행여 고시라도 붙는다면
뭐라더라 거 왜 서울 명문 대학에라도 붙는다면
미꾸리 용 되었노라 깝추고 깝치는 말로 우리 미꾸리 성질 뒤틀게 만들곤 하지.
사람들 그 주둥이는 참
용은 용, 미꾸리는 미꾸리 너절한 비교 대상 아닌데도
어제 밤 이 집 주인 납작 항아리에 바글대는 모기 그
비행기처럼 날라 사람들 종아리나 발가락 피 빨아
어느 왕가에서는 이 놈 때문에 빈대가족만 작살나게 하였다는 이 모기
새끼들 장구벌레 깝치는 꼴 보던 성질머리 급하고도 고약한 주인 녀석
우리 미꾸리 사다 몇 마리 이 납작 항아리에 넣고 그놈들 모기 자녀 가족
먹어치울 용병으로 삼고 나머지 우리 가족들 고추장 풀어 뭐라더라 주인장
보신용 추어탕으로 먹어치울 궁리로 밤잠께나 설치더라 거 참 고약한

신세, 우리가 석유자원 땅 속에 갖춘 이라크라도 되나 이란이라도 되나

아아 그 서양패들 용병으로 때론 먹이 깜으로 꽤나 밤잠 설치는

고약한 사람들 등쌀
뭉글거리는 진흙탕 그 뻘, 이불 같은 잠자리
느긋하게 잠자거나 뒹굴며 지낼 우리 미꾸리가족
꿈속에서까지 궁싯거리는 인간 더러운 심보
우리
용병으로 매운탕거리로 사람들 밤잠 여름 밤잠
뒤척이며 설치곤 한다네 그 참 고약한 생명들
이 주인장 미국 추장 부시라도 되나보다!

2006년 7월 9일 정오. 어젯밤 모기가 엄청나게 설쳐대었다. 한결이 종아리는 온통 붉은 일본열도, 북해도 지도로 얼룩져 보기에도 딱하다. 사위 종아리도 한결이 못지않은 지도 그림으로 종아리를 장식하였다. 한별이가 동생 한결과 만들어 놓고 간 그 땀 뻘뻘

대던 마당 우물파기 공사가 끝나고 나니 그곳에도 옛 항아리에도 꿈틀대는 모기 새끼 가족들 장구벌레 우굴 우굴 그 참! 어제 밤새 나는 이 장구벌레와의 전쟁으로 요즘 미국이 북한을 못 먹어 6자회담이니 대포동 미사일이니 깝치는 훤소를 생각하면서 나도 결국 미국의 부시나 그를 미는 매파 제국주의 강패들을 닮았구나 하는 생각이 좀 들었다. 아내가 내 말을 듣더니 그러지 말고 붕어를 대여섯 마리 사다가 넣어 살 놈은 살고 죽을 놈은 죽으라고 용병 전술의 방향을 바꾼다. 좀 있다가 한결이 차로 그 금붕어 몇 마리나 사러 광주엘 가야겠다.

두레박에 눈 있더나

저건 사람이 덜 됐어
그럼 너는? 나는 사람됨이 사람?
그래 나 사람이다
사람의 사람됨 그거 용 됨이지
사람들이 참 잘 모이면 즐겁다
박경리 그 틀임하는 용 자태 한 복판
식탁에 앉아 줄담배는 정현기 너
김영근 잘 가꾼 집에 모여 장마 바람 주룩주룩 비
내리는 날에 김명복, 윤덕진, 임성래, 거 왜
이인재 역사학의 그 도도한 용틀임하던 이 연실
쟁반에 음식 나르며 이대째 학자집안 사람
이기용이 모여 비 내리는 대길 날
박미라 그 고운 자태로 음식들이 풍성풍성

일본론과 우주 저 거대한 웅변으로 부끄러움
가로되 통영 저 옛날
막내 동생 과부되어 어찌어찌 왜놈과 살 섞어 사는
구나.
손바닥 같은 통영 장바닥

옹기종기 모여 앉아 물건 팔던 여인들 값 물으면 외로 꼬고
앉아 한 데 보며 못들은 척 하는구나 아아 서러워라. 새벽
우물가에 형제 두레박 엉켜 부딪히자 와 이러노?
분한 왜놈의 처 두레박 눈 달렸더나?

이 모임 한 달에 한번 꼴로 모이자
윤덕진 이야기 전하니 이미 이기용, 김명복 모두 입맞춰
정현기 퇴임하면 핑계 핑게 이리저리
백탑파 모여 기염 모으던 그런 꼴로 아아
그 그럴듯한 심심풀이 파적이겠다.

2006년 7월 11일 아침. 태풍이 대강 지나가고 있던 어제 비 내리는 썩 좋은 날 김영근 집에 이렇게 모였다. 연실 피워대던 내 담배 후유증, 내 입속에서 요동치는 뒷맛과 냄새가 나를 싫게 만드는 아침이다. 가람이 고훈 부부를 기다리며 어제 만난 것을 적바림한다.

그리움

몸에 든 것들

너 어디 숨어 있다가 이제
저 산 너머 또 산 겹겹
그 너머 산과 바다 창공 넘어
내 어두운 방 창가
밀어라 밀물 썰어라 썰물
내 마음 비집고 여길 왔나

뫼 산에 피던 꽃
그 숲 속 노래하던 뭇 새들도 숨죽인 오늘
너 그 먼 곳에서 내게 왔구나!
아아 너 내 마음 속 불타게 하는
그리움.

2006년 7월 12일 장맛비가 주룩주룩 내리는 날 이른 아침 문득 그리움이라는 말이 떠오른다. 하도 많은 이들이 내 마음속에 들어 있으니 누구냐고 아내가 물어봐도 묵묵부답, 나는 죄가 없노라, 단지 함께 웃은 죄밖에! 그게 누굴까? 그게 바로 당신이라면 어쩔래? 아아 기분이 좋다.

만우 박영준 스승 마음 속 30년

30년 전 7월 14일 장마, 장대비 억수
그렇게 퍼붓던 비속에 스승은 떠났다.
장례식도 비속에서 치렀고 지식인 시샘 싸움도 그 장마
장대비로 내리붓던 그날
술 마신 시인 전영경, 연대 김석득 젊은 교수 향해
'너만 제자가 있느냐? 너 연대교수 잘 하라우!'
삿대질도 비속에서 그렇게, 스승 만우 선생은 가셨다.

30년 그 긴 세월 지나고 푸릇푸릇하던 그 얼굴들 쭈그러진 살
흰 머리 이고 동문회관 한 장소에서 모였다.
만우 박영준 선생님 서거 30주기 추모모임이라!
5~60명 동문들 모여 고개 맞대고 추억에 젖어 장마 비
내리던 7월 14일 눈에 익은 이들 모였다.

문효근, 김석득, 이선영, 박두진 선생 사모님도 늙은 모습 그대로

전인초, 박기동, 김춘석, 박우극, 경웅길 까지 모여
작가 김용운 술주정
개차반이니 따돌리라 부추겨 쓸쓸한 발걸음 지척
지척

박기동, 문영순 부부에다 백규서 사장까지 모여 3
차까지 마신 술
박영애, 장덕조 선생 딸 서슴치 않던 말꾼들 노래까
지 불렀다.

박승렬 형 만우 큰 아들 그 양반 3차 뒷돈까지 내게
준 그날
임용기 문과대 학장 끝까지 자리 지켜 이날
큰 모임 축복하는 바람에 나 비록 술과 노래 객기
객기로 10여년 못 푼 스승 희한 다 풀었다.

오늘 김정수 우리 집에 와 팔당 큰물 흐름 용틀임
하는 모습 지켜 본
객기로 마신 술기운 밤길

쓰린 속 달래느라 잠 못 이룬다.

아 나 왜 이리 속도 없이 아내 잠길 방해나 하고 앉았나?

밤은 깊어 2경인데 얼굴에 땀과 속 쓰림 50견 까지 욱신대는 내 인생 잠 속에 묻히길 꺼리는구나!

2006년 7월 18일 밤이다. 벌써 2시가 지났는데 잠은 안 오고 속은 쓰리다. 낮에 김정수 교수 부부 다녀가는 길에 마신 백세주, 와인, 양주 몇 잔에 속이 쓰리다. 만우 스승 30주기 추모모임에서 마신 술기운이 아직 가시지 않았는데 16일엔 백규서 사장 부부와 술을 마셨고 오늘은 나 혼자 마셨다. 속이 배겨날 재간 있나? 새람이 방에 쥐가 들어온 바람에 안방을 빼앗긴 채 우리 부부는 이 작은 방에서 잠을 청하니 날은 덥고 모기는 앵앵거리고 50견 아픈 어깨는 뻐근하고 미칠 노릇이다. 자 이제 잠 속에 들어 아내 잠 속 길을 급히 따라가야겠다.

시인들의 밤길

밤길은 길고 먼 어둠,
마음 컴컴한 외길 불타던 들꽃
백담사 뫼 주름 출렁이던 물길
시인들은 방, 방, 방, 사랑방 잃고 무작정 걷는다.
장정희 길섶에 서서 손 부채꼴로 벌여 춤추던 짓소리 아련하고
맹문재 구름 조용히 그리며 달빛 따라 사부작사부작
엷게도 짙게도 아닌 저 구름 그림 누굴 그리는 구름일까
그리운 나라 간 이균영 머릿속에 담고 시인 김경미
저 휘황한 마음 소용돌이 아우성치는 달
맹문제 그리는 구름 위로 훌쩍 솟아오르는구나.

이균영 입 열면 지껄이던 그 사람
지금 여기 밤길
달 빛에 적셔 온종일 가방 속에 담고 싶던 그
아침 가슴 에던 마음

지금은 저만치 먼 밤길 어느 침실에 누워

깊은 시름 뫼 주름 건던 밤길 꿈속 마음
길 아련한 잠, 쌔근대고 있겠네.

2006년 8월 13일 아침. 드디어 백담사 문학행사에 다녀왔다. 만해 마을에는 처음 간 곳인데 어찌나 사람들이 우굴대던지 원 참, 너도나도 시인, 문인, 작가, 교수들 천지였다. 많은 사람들을 만났다. 시인 김지하, 권영민, 김선학, 김재홍, 홍신선, 이어령 스승, 상복 터진 사람들이 상 받으러들 모여들었더라. 엄청난 돈을 쏟아 부어 만든 문학행사! 한용운 팔자도 참 기박해 보였다. 입만 열면 만해 한용운이니 무덤 속에서도 편안할까? 님 한 마디 가지고 꽤나 많이도 팔아먹는다들! 이상한 세미나 행사를 마치고 저녁이 되어 마신 막걸리가 고려대 대학원장에 취임한 최동호 교수 제자들 모임 자리에까지 이어져 통음하였다. 거기가 어딘지 꽤 먼 길을 걸어와야 했는데 일행이 다섯이었다. 맹문제 시인이 길을 잃고 되돌아오다가 우리를 만났다. 김경미 시인과 방 짝이었다는 아동문학가 장정희, 그리고 대학원생 정수연 들과 밤길을 걸으며 취한 비틀걸음을 걸었다. 이균영 교수를 기억

하는 시인 김경미의 눈빛이 참 맑아 보였다. 다시 담날을 향해 마음문을 닫아걸어야 겠다.

윤동주와 야스쿠니 신사

8월 15일은 언제나 어수선하다
왜인 두목 고이즈미는 야스쿠니 신사 참배로 눈치 보며 바쁘고
우리는 윤동주 형 부르느라 목이 멘다.

송몽규 형아, 형아! 그리운 이들아!
윤동주 기리던 더운 날에 송우혜, 윤인석, 저 멀리
일본 땅에 살며 윤동주 시 무덤 보살피던 박세영 까지
모두 매지리 연세 교정에 모여 땀께나 흘렸다.

일본 열도 한쪽에서 고이즈미
왜놈 특징 잘 보이는 저 거들먹댐 거들먹, 거들먹! 손뼉도 짝짝!
야수와 그 피해자들 모두 죽음 이름 방석으로 만들어 신으로 승격, 아아 신
검정 고무신만도 못한 신, 참혹한 귀신 만들어 해마다 손뼉 딱딱 천황부터 총리대신
이러쿵저러쿵 떠들어 보지만 일본! 아무래도 너희는 천한 왜놈일 뿐!

지성도 문화 참 씨앗도 쭉정이
눈감은채 몽니에 몽니!

천박하여라!
긴 비명 지르며 죽어간 윤동주 형
여전한 몽니에 눈물 지어 아침부터 오늘 내 눈가 스치는 저들
가여운 잠조차 설치게 하는구나!

2006년 8월 17일 아침 목요일. 그저께 윤동주 기념 백일장 행사를 마치고 겹쳐서는 박경리 토지문학공원 개관식에 들러 긴 행렬의 사람들을 만나고 늦게 집에 온 피로를 어제 하루 종일 풀었다. 오늘은 정창영 총장을 만나러 가겠다고 약속한 날이다. 내 민주화 명예회복과 관련된 개인 문제를 좀 해결해 달라는 내용이어서 좀 어색하다. 하지만 옳고 그름은 따져둬야 하니까 이미 보낸 내 요구사항을 다시 한 번 더 써 가지고 만나려고 한다. 마음은 어둡고 깊은 나

락에 떨어진 듯 저리고 아픈 어깨와 함께 침울하다. 그저께 수고한 대학원생들과 학부생들에게도 마음이 무겁게 저리다. 이상준, 고훈, 배정상, 이혜진, 김정환 등과 국문학과 교수님들에게 특히 임성래 교수님께 고맙다고 인사해야겠다.

시가 아프다

시가 아프다
8월 15일 들어 나라 안팎 시끌벅적
야스꾸니 신사 아베 망언 미국 등 타고
태평양 호수 제 마당 우물인 듯
대포 핵무기, 일본 헌법 9조 바꾸면 미국과 함께 중무장 일본
윤동주, 슬프고 행복했던 그런 윤동주
앞으로 더 많이 나올 그런 야심 꿍꿍이
지식 범죄 나라 안 한나라 당, 당 당원들 너도 나도 한마디
아아 미국 향해 눈짓 발짓 별의별 발쇠꾼 소리

시는 아픈 몸살로 기우뚱기우뚱
온 나라 퍼진 돌림병 종된 시인들
아무도 아는 체를 않는구나.

이제 시는 피로 쓰는 날로 되돌아
강물처럼 슬픔 흘리고
온 뫼와 가람 탄식과 한숨소리

적시는 날 오지 않을까

하늘 무너지는 소리
걱정으로 아픈 시의 오랏줄
서하리 지붕 처마 밑 풍경소리로
내 앞에 뚝뚝 떨어져, 점점, 점점이
출렁대는구나!

2006년 8월 18일 오후. 어제(17일) 정창영 총장을 만나기 전에 박영식 스승을 만나 내가 젊어졌던 아픔의 기억을 되살리며, 7년 6개월 동안 아팠던 내 삶 내역을 밝혀 놓고 총장을 만났다. 나라가 더러운 악당에 의해 더럽혀졌던 때에 연세대학교도 거기 맞추어 당시 안세희 총장은 학장이던 김명호 교수에게 명령하여 나를 해직시켰고, 정 총장을 만나서 나는 그 이유도 없던, 이유가 더러웠던 것으로 밝혀졌으니 내 명예(?)회복은 마땅한 것이 아니냐고 물었다. 나를 누추한 인품으로 만들지 않기를 빌 뿐이다. 정창영 총장은 내게 유리한 해석을 해주겠다고 약속하였다.

5공화국 천격 전두환 일당이 설치면서 도둑질을 일삼던 당대의 그 누추했던 정신병을 대학교에서도 앓았었다. 전두환이 정권을 탈취하자 각 대학교에는 전씨의 온전 '전'자를 바르게 써야 한다는 명령이 내려와 대학 교수들을 가르쳤다. 그런 교수들 얘기 들으며 나는 실소하였다. 무지막지하고 탐욕스러운 폭력배들의 천격은 그런 정도였다.
오늘은 일본의 재무장 문제가 신문 가득히 실리고 한국 내의 지식범죄자들은 목욕탕 배추 팔듯이 민족의 앞날은 미국에게 맡겨야 한다고 스스로 노예됨을 너도나도 떠들고 있다. 언제 일본이 한국을 다시 짓밟으러 들어올 것인가? 미국은 언제 그걸 허락하여 그런 처참한 일들이 벌어질 것인가? 그런 일은 꿈도 꾸지 말아야 할 일이지만 자꾸 그렇게 세상 돌아가는 것 같아 마음이 뒤숭숭하다. 내일은 임근배 사장 부부 조명행 대사 부부, 한학성 교수가 오기로 한 날이다. 태풍 우쿵이 지나가느라 찌듯 무더운 날이 좀 서늘해졌다. 가뭄 때문에 각종 곡물들이 배배 말라가고 있다. 모기는 왜 이리 극성인지 밖엘 나가기가 두렵다.

우주에 가득 찬 티끌

거 참 이상도 하여라.
새벽 잠 꿈속에
너와 나는 깊은 정사 하며, 길가에서 얻은 빈 지갑,
반갑고 서운한 작별인사로 잡은 손 하며,
그저 무심한 티끌로 너와 나
너는 누구이기에 내게로 찾아드는가?
눈 뜨니 풍경소리 섞여 요란한 귀뚜리 소리
가득 채운 텅 빈 마음 속 나만 잠 깨어
물러서지 않은 어둠에 홀로 앉아 기웃거리며
출렁이는 풍경,
저 가득 찬 소리에 젖는구나!

아아 맞나보다 인생!
이 거룩한 고요함이라니,
한파람 풋잠 그거였구나!

2006년 8월 19일 새벽 다섯 시. 잠깨어 일어나니 오른쪽 팔은 아프고 뜰에는 풍경소리로 가득 차 있는데 땅에서는 온갖 벌레들이 우는지 웃는지 노래하는지 모르는 소리들로 요란하다. 귀뚜리는 그 중의 하나일 뿐 여러 다른 벌레 소리도 섞여 있다. 다성악이라는 말 참 그럴 듯하다.

삶은 무지개

빛과 어둠
나 그리고 너
밤 낮

하루가 가고 또 하루
너 오늘 또 하루

삶이 이렇게 내 옆에 와
슬쩍 웃고 놀다가 속절없이
가는구나, 가는구나가 정말
가는구나!

2006년 8월 20일 저녁. 어제 너무 마셨다. 임근배 사장 부부, 조명행 대사 부부, 이철수 과장 부부 그리고 이 과장 꼬마들이 모여 고기 굽는 불판을 처음으로 쓰며 즐겁게 이야기하면서 하루를 보냈다. 하루가 즐거우면 다음 날이 힘들다. 오늘은 온 종일 우울하게 잠을 자다가 말다가 멍하니 내 삶의 앞을 바라본다. 가람이 부부도 왔었구나. 오늘이 사위 고훈 생일이란다. 한별이가 고기 굽는 일을 맡아 하니까 아주 시원스레 일들이 진행되었다. 마침 태풍의 힘으로 바람도 불고 선선하여 더위도 고개를 숙였더랬다. 어깨는 여전히 아프다.

나이 듦과 이은호

이은호 당신 이번 학기 이 학교 그만 둔다지
어젠가는 주영은 떠나는 인사로 그만 두다와 둔다를 써서
마음 시린 헤어짐과 나이 듦 이야기를 하였지.

오늘은 당신 이은호, 생물께나 주무르며
학생들에게 웅얼웅얼 벌처럼 붕붕대며 하던
그 많은 날들 지껄임 그만둔다고, 모이자고 하였나?

삶이 그렇게 빨리 사라지고 없어진다고, 그걸
오늘, 나를 보라고 하려고 모이라고 하였나?
벌들은 당신이나 나, 여기 있는 별처럼 빛나는 벌들도
아아 머지않아 그렇게들 속절없이 시간 다 까먹고는
중얼중얼 오리 알처럼, 거 왜 힘 센 웅얼웅얼 오리알 속 장사처럼
힘깨나 쓰는 듯하다가
머지않아 우리들 차디 찬 어둠, 말없음을 어둠 속에 묻히리!

시방 살아 있는 이 몸 맛나게 웃고 살진 강수 앞에
가가대소로 살아 있음 시퍼렇게 살아
서로를 보는 즐거움에 마음껏, 마음껏
시간이여 잠시 멈추라!

이은호여 당신! 우리 어디에 다시 무엇으로 만날지 기약
그런 기약은 없이 마음껏 즐기기나 하리라!

2006년 8월 22일 아침 서하리! 이은호 교수 정년 기념 식사 자리에 가기로 한 날이다. 오후 3시에 김경희, 백경선 교수가 날 데리러 온다고 한다. 아침에 일어나 미니픽션 작품평을 좀 썼다. 오늘은 한별이가 한결이와 함께 중국으로 떠나는 날이다. 사랑채에는 한별 친구 영철이와 한결이 친구 경래가 어젯밤에 와서 잤다. 이제 아침 운동을 하고 얘들 떠나는 것 바양해야 한다.

07 »

폐역을 지나, 부서진 다리를 건너

눈부신 매미와 나

그대 그렇게 눈부신 젊음으로 내 앞에 다가와 맴맴
속삭일 때 나는 당신
익히 아는 매미

7년 여 긴 세월로 땅과 흙
나무 물 뿌리 찾아 헤맴이며,
맴맴 다시 너를 찾아 흙속에 들
날들 꿈꾸는 사랑으로 맴맴

뜬눈으로 네 소리 듣다 밤새
안녕하시냐고 네가 솟은 가슴 내 앞에 내세워
맴맴 눈짓할 때

네 눈부신 젊음
다가와 매일 맴맴
여름날 찬비 기다리며 맴맴
네게 다가간다.

2006년 8월 26일 밤. 어제부터 〈우리말로학문하기〉 제11차 애기모임을 가졌다. 외대 용인 캠퍼스 301호 연구동에서 아주 즐거운 날을 보냈다. 여전히 학처럼 고고해 보이는 이기상 교수, 한규석 부회장, 김정수, 김인경, 최미경, 박치완, 김영환, 심희기, 구연상, 김의규, 구자명 부부, 박경혜, 이은주, 아주 많은 사람들이 와서 발표하고 묻고, 하룻밤을 보냈다. 이틀 발표를 무사히 끝내고 김인경 박사 차로 집에 돌아왔다. 여름 시골 매미 소리는 서울서 보채며 악악대는 매미 소리와 다르다고 박치완 선생이 말한다. 땅속으로 들어갈 굼벵이를 만들려고 저렇게 애써 짝을 찾겠지 싶다. 어깨가 아직도 아프다. 좀 쉬다가 개학이다.

꿈에도 쩔쩔매는 꿈길

꿈에도 그대는 쩔쩔매는구나.

김영근 교수가 전해준 무슨 채점서류
근근 시간을 끌고 끌다가
모인 자리에 가보니 야단법석
채점 원칙 잘잘못 따지던 그 엄청난 광경에 문득 아차!
그 몇 푼돈에 묶여 받아든 서류 뭉치
끙끙대다 눈뜨니 꿈이라!

밤 꿈에서조차 그대 편한 잠
빚짐 진 오랏줄에 묶여
편할 날이 없구나!

꿈은 삶으로 이어진 조각 아니면
반죽음, 그 삶 뒷전에 놓여
사는 빛에 비춰 어릿대는 그림자
저 죽음의 그림자인가?

나는 꿈마다 쩔쩔매는 나

그 당신을 보면, 마음,
저 깊은 곳에 서러움 뭉쳐
오늘도 잠깨어 다행한 꿈속에 있다가
당신의 뒷모습 아리게 본다.

2006년 8월 29일 화요일 아침. 아픈 어깨를 겨우 들어 올린 다음 일어나다. 선연한 새벽꿈이 마음을 어지럽힌다. 공적인 삶, 그놈의 머슴살이 때문에 꿈조차 맑거나 밝지가 않구나. 오늘은 서울 나들이를 가볼까 어쩔까 하는 중이다. 곧 개학인데 이것도 마지막 방학을 맞는 거다. 내 생애의 공적인생이 이렇게 마감하는구나! 도리 없이 받아들여야겠지!

여름 끝자락에 서다

햇볕은 쨍
매미는 가고
쓰르라미 시르르르르, 쓰르르 게으르게 길게
뽑는 한낮

나는 여기
더위도 가고 너도
없는 빈 하늘
파아란 거기 네 얼굴을 그린다.

여름 끝자리에 누워
너를 그리며
나는 한 마리 외로운
늦여름 쓰르라미로구나!

2006년 8월 30일. 드디어 8월이 모두 가려고 한다. 어제 겨우 일어나 시인 강은미 언니가 인사동 화랑에서 열던 그림전시회에 갔으나 허탕. 이미 끝내고 작품들을 거두고 있었다. 부끄러웠다. 김의규를 불러 마침 교수직을 집어던진 마무리에 있던 사람에게 술불이라도 질러야겠다고, 부르니 흔쾌히 달려왔다. 그의 짝인 작가 구자명 씨도 달려오고 뺌 애기꽃 패인 김명이 씨도 왔다. 김명이 씨는 2차에서 소주 두 잔 정도 마시고는 곧바로 자리를 떴다. 아들아이가 오늘 미국을 간단다. 어머니 짐! 이왕 서울 간 김에 이세기 씨, 최진주, 강수진도 불렀으나 수진이만 좀 늦게 나타나 3차까지 술판을 벌였다. 평화만들기 옛 주인 혜림이가 하는 집에서 와장창 노래를 부르다가 집엘 가겠다고 하니 이 혜림이 가로되; '현기 오빠, 먼저 가면 이 술값 오빠가 내라!' 10만원! 그래 좋다 하고 문밖을 나서 지하철을 탔는데 번번이 잘 못 향한다. 3호선 을지로 3가에서 2호선으로 갈아타는 곳을 번번이 신촌 쪽 방향으로 들어섰다가 부랴부랴 다시 도는데 그게 어찌나 혼란스럽고 긴지 애를 먹었다. 그래도 집엔 잘 왔다. 막판에 새람이가 마중을 나오니까!

게으른 자의 술 마시기

맑은 술 한 잔 따라 놓고 물끄러미 보다가 잔 속
그 속에 든 너의 얼굴 반쯤 채워 방긋 웃는구나.

그리워 단숨에 마신다. 게으른 자여!

둘째 잔을 채우자 다시 너 놀라워라
터진 가슴으로 찰랑이듯 눈빛 요염한데
무슨 재주로 거기 그렇게 벗은 몸
술잔 속에 들어 있나?

놀라 다시 꿀꺽꿀꺽 마신다. 게으른 자여!

두근대는 가슴 진정하랴
세 번째 잔 조심스레 따라
보기 두려운 그 잔 속
출렁이는 네 몸 모두 벗어
당신, 언제 거기 들어가 길게 누워
유혹의 눈길 아아!

게으른 자여! 술은 급히 마시지 말아야 한다!

비록 네 가슴 속 그렇게 비어 마음
술로 채우려 한다 해도
여인으로 가득 채워진 술잔
급히, 놀라운 손길로 들지 말기를!

너 그렇게 떨고 섰구나, 게으른 자여!

2005년 9월 3일 일요일. 드디어 내 마지막 여름 방학을 끝내었구나. 내일부터 남은 강의하러 원주엘 간다. 어쩐지 몸도 마음도 무겁기만 하다. 내일부터 월요일 원주행 차편을 제공하는 최인호 교수로부터 전화를 받았다. 쓰르라미는 쓰르르르 게으르게 울고 있고 아내는 사랑채에서 길게 누워 다가오는 가을을 즐기고 있고, 아니 그냥 시간 속에 누워 있고, 나는 여기 앉아 게으른 마음의 술잔을 기울인다. 술잔 속에 여인은 정말 들어 있나? 홍상화 형의 소설들을 거의 다 읽었다. 「우리집 여인들」. 그의 고향 능바우 연

작소설인데 결국 그렇게 얘기꾼들은 자기 고향 속으로 걸어, 걸어 한없이 걸어가는구나!

폐역을 지나, 부서진 다리를 건너

상습 가출인 아버지
젊어 오랜 사제 수업 끝내고 가출
출가인, 거꿀잽이 가출인 문득 첫사랑 여인,
나의 어머니 만나, 나 세상에 던지고는 자주 상습 버릇 가출
그의 가출에는 어둠과 빛 팔짱낀 채 엉켜있다.

중국에 살던 할아버지와 그 아들
내 아버지는 중국인들의 따돌림 싫어 아예
에라 일본사람 만들자 영원한 제국 일본
잘나가던 일본, 저 영악한 불꽃 한 자식이라
나의 아버지 그의 아버지
그 믿음 순식간에 무너지자 개밥
그 조선인 개밥에 일본놈 도토리
아아 외로워라 아무도 나의 아버지
처절한 홀로임 몰라
가출 또 가출

수도원에 가 눈감고 세상읽기 배우던 아버지

소래 염전 폐가에서 눈을 감는구나.

해진 신발, 남루한 입성으로 걷고, 걷던 행색
저 망망한 발걸음 뒷길 따라 평생 떠돌던
여인 몸 비록 집지킴이로되
마음은 늘 저 출가인 따라 걷고 걷기
평생의 젊음을 다 바쳤구나, 어머니 탐구!

따뜻한 생각 깊은 작가 정 찬
존재의 덫을 읽어 하나 둘 그 깊어라 눈길,
아버지, 그 남편, 사랑도 외로움도
가출, 출가, 죽음으로 묻어 보낸 어머니 눈
한 생애에 사랑도 미쁨도 두려움도 외로움
켜켜이 쌓아올려 내 가슴 저 밑바탕까지
스며, 어깨 저린 아침 매지리 9월
영빈관 307호 방 창 밖 쨍 소리 나게
울리는구나!

맑고 높은 하늘가 9월 5일

엄청난 고요 바람소리 섞어

내 오늘 하루가 다시 시작되는구나!

2006년 9월 5일 아침나절 연구실. 아침에 영빈관에서 급히 쓰려고 하던 위의 글을 연구실에 와서 마친다. 주영은 교수가 학교에 와서 전화를 하였다. 지배선 교수는 장인어른 상(喪) 당한 인사와 함께 부조 5만원을 주고 간다. 대학원 강의를 끝냈다. 다섯 명 학생들. 마지막 강의다. 이상준, 반재유(박사과정), 김정한, 이혜진, 손동호(석사과정), 이들에게 각기 작품들을 읽고 발제문을 써서 발표하도록 시켰다. 황석영 「오래된 정원」, 「손님」은 이상준이, 김원일의 「푸른 혼」은 반제유가, 정찬의 「희고 둥근달」은 김정한이, 박민규의 「카스테라」는 손동호가 발표하기로 정해주었다. 9월 8일 아침에 일어나 다시 손을 보다. 어머니 이야기인데 그걸 더 가깝게 쓸 수가 없구나! 윗 시 제목은 정찬의 단편소설 제목이고 내용도 그의 거다.

고향 하늘에 뜬 푸른 하늘

하늘이 푸른 것은 가을 탓, 시원한 바람이 불러 온 너의 넋
당진리 마을 위에도 넘실넘실 하늘은 펼쳐 있구나!
맑은 공기나 서러운 고향 길에도 그런 하늘이 아직도 누워
9월의 조상 무덤가에 핀 마른 고사리, 풀숲 기웃거리며 선
살진 참개구리 눈만큼이나 눈이 시리구나!
나의 고향은 참개구리 뒷다리에 묶여
옹기종기 모인 네 남매
한 고모와 부모, 두 삼촌들 나란한 이야기 두리두리
그들 무덤 풀 깎으며 듣는다.

내 속에는 수많은 여인들 눈물지으며 젖가슴 풀어
굶주림 달래던 분들
하늘가 저 어디 떠 있고 머리에 흰 물들인
나는 오늘 세 종형제들 모인 뭣자리
파뚜기도 날치던 푸른 하늘가
내가 가는 곳, 이제 갈 곳

따뜻한 햇볕 자리에 앉아
삶과 그 그늘 속에 묻힌 이야기 숨결을 고른다.

이제 한 해도 가을 볕 배추 자라듯 늙어갈 게다.

2006년 9월 10일 일요일. 여주 당진리에 있는 부모님 묘소 벌초를 하고 왔다. 사촌 아우 현찬, 현권이 벌써 뫼등의 풀들을 다 깎아 놓아 오늘은 가서 인사만 올리고 왔다. 새람이 차로 아침 9시 반경에 출발하여 3시경에 집을 향해 돌아왔다. 인천 아우 현구도 제수씨와 함께 부부만 왔다 갔다. 잘들 자라고 있는 현찬이 아이들 한길이와 한열이 튼튼하게 쑥쑥 자란다. 보기 좋았다. 현권이가 노름에 손을 대는 모양이다. 3천만원을 날렸다 하니 큰일이다. 요즘 이런 정신의 공황 상태에 빠지기는 다반사처럼 들리는데 친척 아우가 그러니 속이 무척 상한다. 대책을 좀 찾아봐야겠다.

배우가 된 꿈

가장 오래되고 아름다운 것
그것은 오직 꿈속에만 있어라!

20년대 이상화
시대가 꾸던 악몽에 시달리며 쓴 이 말
예수의 죽음과 부활을 시 날줄 삼아
못된 꿈, 민족의 악몽 씨줄 삼아 쓴 「나의 침실로」
뒤척이는 고뇌 오늘밤 내 꿈속에도 나타나

나는 가득 찬 공연장 무대
배우 되어 큰 소리 대사로
그대들 저 여인 내 앞에 불러 무릎 꿇리렸다!
호기롭게 읊다가 문득
대사도 내용도 까먹은 채 어린 배우들
꼬마배우에게 내가,
나는 도대체 무슨 대사를 해야 하는지
행여 너는 아느냐
아니, 이 연극의 내용이 무엇이었는지
너희는 아느냐고 물어, 물어

할 말도 내용도 모르는 채 맡은 역만 큰
나 어젯밤 꿈속에서 무대 위에 선 배우였다.

관객들로 가득 찬 어느 구민회관 그 무대 위에서
어찌할까 어쩔까 우물쭈물 큰 소리로 얼버무리다가
눈을 뜨니 아아 그게 꿈속이었구나.

가장 아름답고 오오랜 것
그것은 오직 꿈속에만 있어라-고 내말로 적던
이상화여!
내가 밤에 겪은 꿈
그 속에 나는 차릴 의상도 화장도 채 하지 못한 채
갈 길도 방향도 잃은 한 배우로 떨고 있었다.

눈 떠 나를 보니 아아 정말로 나는
내 삶의 방향, 갈 길조차 잃은 준비 안 된
떠돌이 배우였구나!
서성이며 그 버성긴 서성거림
그게 내 삶이었구나!

그러니 꿈 속 마음으로 꿈꾸는 그런 꿈 속
그곳에만 오직 아름답고 오랜 것이 있을 뿐이었구나!

2006년 9월 20일 아침. 안개가 자욱하게 영빈관 307호실 창밖을 덮고 있었다. 눈을 뜨니 꿈이었는데 너무 선연한 내용이었다. 어린 배우들과 여자 배우가 여럿 모여 연극을 하는데 내가 객석으로부터 무대로 올라서는 그런 배우였다. 허름한 막바지를 급히 입느라 보니 단추도 허술하고 도대체 무대에 오를 형편이 아닌데도 빨리 오르라는 뒷자리 여인의 등밀이에 밀려 무대로 나아가 첫 대사는 그럴듯하게 울렸다. '얘들아! 저 무리들 가운데 있던 자그마한 그 여인을 내 앞에 대령하렸다!' 그리고 나서 대령한 그 여인을 내가 어떻게 해야 하는지 대사는 무엇인지 통 알 수가 없다. 캄캄절벽! 꼬마 배우에게 물으니 곱게 화장한 이 꼬마 배우가 걱정말라! 이 연극은 추석맞이 공연이어서 선생이 이 무대에 선 것만도 감지덕지이니 내용이나 대사를 몰라도 된다고 소곤댄다. 거 참 희한한 꿈이었다. 깨고 나니 이상화 시가 떠오른다. 거칠게 적어 내 삶의 헛됨을 알린다.

박영준, 박경리 두 분 선생을 꿈속에 만나다

꿈은 살아있는 이의 흔적이라고? 어제 밤 꿈속, 나는 만우 박영준 선생과 어느 곳을 찾아가고 있었다. 그곳이 어디라고? 멀고 긴 길가 언덕을 지나 배추밭 고랑을 타고 넘다가, 천천히 기웃대며 넘다가, 만우 선생 단장으로 밭들 가리키며 가로되, 저 밭들 곡물이 말라가는구나!, 예예 그렇군요, 어쩌지요 선생님! 저 밭 말이다! 들녘에 시드는 곡물하며, 요즘 미국과 맺는다는 불평등 자유무역 어쩌고, 하며 입을 여는 사이, 박경리 선생 댁엘 들어섰는데 식사를 하던 이 어른 코피를 흘리시어 놀라 가까이, 가까이 놀라, 마음 졸이며, 다가가다 보니 집안은 온통 잔치분위기로 들썩들썩 떠들썩! 바짝, 박 선생 옆에 다가가 다시 뵈니 코피는 간데없고 웃음 띤 얼굴로 내 걱정이 태산! 저 옆집에서 빌린 돈 왜 안 갚았느냐? 이제 2천원만 남았는데요? 그래? 눈 떠보니 꿈이었다. 박경리 선생 나이가 드시니 자주 내 꿈속에 나타난다. 좀 옛날 늙은 할머니 때와, 아버지 살아 계실 적, 내 꿈자리는 늘 이 어른들 앞 무릎 꿇어 흐느끼던 눈물 바다였었다. 내 불효, 불쌍 불찰, 어이 다 갚나? 할머니 아버지! 흐느끼던 그 몸 이제 박경리 선생 내 꿈속에 살아 옛 스승 박영준 선생까지 함께 모으는구나! 가녀린 내 삶의 싹들 이제 시드는가? 거 참 신기한 일이로구나!

밤은 아픈 어깨로 낑낑대느라 몸 불편한데 그 꿈속에까지 찾아든 빚 이야기와 고통으로 내 마음까지 고문하는가? 왜 이리 삶은 하늘과 땅, 심지어 그 땅속 밑 꿈에까지 젖어와 나를 괴롭히는가? 내 삶은 이렇게 아아 이러쿵저러쿵 열깃 열깃 얄깃얄깃 밤낮없이 그 속 절, 속절없이, 밤과 낮, 밤낮없이 깔따구들 내 여린 아내 피 빨듯, 시간의 모래밭 쓸쓸한 저 경안천 물 흐르듯 흘러가는 거구나!

2006년 9월 22일 오후. 그저께 밤엔 박영준 선생과 박경리 선생 꿈을 동시에 꾸었다. 내가 나이가 들어가는가? 아니면 가까이 모셨던 분들에 대한 정이 그렇게 표출되는가? 내 몸이 피곤하니까 그런가? 낮도 밤도 어깨가 뻐근하니까 만사가 좀 귀찮다. 〈녹색평론〉 2006년 9~10월호, 90권째는 김종철을 사회로 한 한미 자유무역 협정의 부당하고도 불평등한 미국의 압력 이야기가 대담으로 길게 나와 있는데, 이게 기분을 영 우울하게 만든다. 노무현 대통령을 옹호하다가 우리 집에 모인 술자리까지 망친 적이 있었는데(조명행 대사 형과 임근배 사장, 한학성 교수들과 한 자리였다), 지금 보니 노 대통령이 무언가 아주 잘못하고 있다는 느낌이 든다. 미국에 저항하려면 확실하고도 뚜렷하게 하다가 맞아 죽든지 그러기를 나는 바랬는데 그게 아닌 형국이다. 맞아 죽기가 싫어 영웅이 될 판을 깎아 먹는 졸장부라는 느낌, 그것도 사람을 꽤나 괴롭히는구나! 제국주의 악령 미국! 하루가 퍽 스산하다.

콩나물 껍질 물에 둥둥

콩나물 껍질은 물에 뜬다.
한 때 알록달록
걸 때깔깨나 자랑하던 그 껍질 이젠
가벼이 물에 둥실 떠
내 한일 멀리 떠남이라고

국제연합 공식자리에 나선 부라퀴 가로되
자급자족
그 손수 일해 먹고산다는 놈들
우리의 적이라!
지구 모든 사람 일 깜 빼앗아
노동력 챙긴 카길 회장
그 높은 단상에 올라
손들어, 높이 들어, 기염 토해 가로되 손수 지어 먹으려는 자
모두 우리의 적이라! 크하아! 그놈 참 못돼먹기도 하구나!
못되기가 꼭 악귀를 닮았다! 일 빼앗아 아귀아귀 챙기는 악귀!

다국적 식품 재벌 악귀 왕의 적이 되어 오늘 나는
단단히 굳었던 콩나물 콩 몇 나절 물 주어
기른 콩나물 바가지 물에 띄운다.
둥둥, 두둥실 콩나물 껍질 물에 뜨며 내게 가벼이
아침 식탁 흥겨울 자리 인사하며 둥둥
정말 가벼워도 보인다.

악귀의 저 못된 노예 되지는 않겠노라
콩나물 콩 기르니 가벼운 그 콩나물 껍질
콧노래 부르며 둥실 두둥실 흥겨워 둥둥
바가지 물위에 떠다니는구나! 물속에 가만히 눕기
조차 하는구나!

2006년 9월 23일 아침. 콩나물 콩을 길러 다 큰 콩나물을 바가지에 담고 물을 부으니 콩 머리에 씌워졌던 껍질이 벗겨지며 물에 둥둥 떠다니다가 물속에 가만히 가라앉는다. 다국적 기업으로 전 세계에 돌아다니는 식품의 80퍼센트를 장악하여 세계인민에게 군림하는 카길 회장이 어느 해 유엔에 나아가 사자후를 토하였다고 했다. 세계 주민들 가운데 자급자족을 꿈꾸는 모든 인민이야말로 자기들이 적이라고 말했다고 했다. 참 더럽고 고약한 양키라고 여겼는데 그 입김은 여전히 미국 정부의 등을 타고 전 세계로 널리 널리 퍼져 나아가고 있다는 것이다. 악마 아니고 무엇인가? 사람의 일을 빼앗는 놈이야말로 그래서 그 일을 싼 값의 노동력으로 흡수하려는 악당! 무시무시한 욕망의 악귀! 무섭다.

씨앗 한줌 땅 속에 묻고는

펄펄 나는 흙먼지 땅 속에서 듣는 바람,
바람에 휘날리는 비행기 소리
평택 미군 기지로 향하는 빠른 쌕쌕이, 헬리콥터들
바쁘게 꿈틀대는 씨앗들, 엿 먹어라 죽음 싹들!
땅 속에 묻힌 씨앗들 숨 죽여 비를 기다린다.

비 오는 냄새, 소리 귀 기울이며 하루 내내
땅속에 든 씨앗들 마음 졸이다.

씨앗 몇 낱 심어놓고 밤낮으로 마음 속
발품께나 졸이며 기다리는 사람이 있다.
언제 비 오려나, 물방울 품은 하늘 푸르름
적시며 내려 저 아득한 땅 속
빠개고 나와 소리 높여
열매로 찾아올 날들 꿈 꾸는 이,
씨앗은 땅 속 어둠
부르릉, 큰 소리로 나르는 바람 꽃
그 씨앗 한줌 심은 사람
발가락 부르트도록 기다리고 기다리다가 잠이 든다.

아얏! 어깨가 아프다.

2006년 9월 24일 밤. 자정이다. 요즘 우리는 텃밭에 심어놓은 씨앗들을 보며 정말 마음 졸인다. 비가 오지 않으니 싹이 나오다가도 움추러드는 모양이 눈에 선하다. 가을비가 통 오지 않을 모양이다. 학교에서 가르치는 제자들이 찾아와 하는 말들을 듣다보면 꼭 가뭄 든 땅속에 심은 씨앗을 대하는 느낌이다. 학생들도 씨앗들도 바라고 바라는 것, 비와 물기, 생명, 따뜻한 앞날에 대한 바람이다. 어제 오늘은 하루 종일 자주 쌕쌕이 비행기가 서하리 마을 위를 날아갔고 헬리콥터들도 몇 대씩 부르릉거렸다. 석유께나 태우며 쌀라 쌀라 잘도 나른다. 한국의 운명은 어찌 될까? 그 앞날, 지구의 앞날, 그게 통 내 눈에는 안 보인다. 그런데도 저 양키들과 그 숙주들, 과격하게 나오는 가진 자들로 대표되는 못 된 날파리 하는 짓거리가 너무 눈에 뻔히 보여 조바심치는 농부처럼, 요즘 매일이 울적하다. 하지만 그래도 당진리 고향에 계신 고종사촌 늙은 형수가 준 당파 씨앗들은 빼꼼히 싹을 내놓고 아침저녁 선선한 공기 속에 밴 물기를 빨아들이며 비를 느긋하게 기다린다. 제자들도 다 그렇겠지, 참 신기하다. 그러니 그렇게 대강 견디며 사는 거라는 변명으로 스스로를 달랜다.

08 »»

틈에 대하여

봄, 여름, 가을에 선 나의 아내

봄

내 아내가 서하리에서 보낸 봄, 여름과 가을은
아래와 같다.
봄 텃밭 풀 섶에 누었던 쇠스랑 자루
남편 없는 일터에 나가 빈 흙 밭
홀로 부스럭대며 일하다가 쇠스랑 밟아
그 힘만큼 거대한 나무 몽둥이로 맞았다.
밤톨 두 배는 더될
크기 이마에 혹을 달고 어마나 큰소리로 울부짖다
가 밤새
훌쩍이던 신음 소리, 저 아픔 홀로 참는 외로움!
아아 안스러워라 이 바스락대는 한숨 소리
남편 아린 귀에도 들려 봄이 지나가는 소리로구나!

이마 혹은 점점이 아래쪽으로 내려
오른 쪽 눈퉁이로 쏟아져
중국에 반만 다녀온 팬더곰 눈 되다.
남들 앞에 서면 분명 이 여자

남편 왼 주먹으로 맞아 밤마다 울부짖는 아내로 되다.

흘깃흘깃 남편 눈치만 보던 이웃들
쇠스랑 밟은 얘기로 변명 일삼지만
애매한 남편 매질꾼으로 서하리 봄
내 아내 오른 쪽 팬더 곰 반쪽 눈 들고
밖에 나서기 꺼려하던 계절이었다.

여름

시골 여름은 참 화려하기도 하다.
곳됴코 여름하던 그 햇볕 힘 찬 여름
여릿여릿 곱고 귀엽던 풀들 여름 만나자
거세디 거센 줄기로 뻗던 생명이라니
풀숲에 나서 돼지감자 줄기들 없앤다고 나선 내 어린 아내
오른 팔뚝 온통 긁힌 자국으로 뛰어들더니
아야, 아야 가려워 못 살겠네

퉁퉁 불어 아톰 팔뚝으로 퉁퉁
이 멍멍 멍충이 아내 꽃 심고 푸성귀 심다가
기형 아톰 팔 되어 여름 내내
펄펄 기름 끓듯
서하리 여름을 나고 있었다.

가을

여름 뒷 켠에 오자 시골 풀숲
깔따구 알록달록 줄친 산 모기들
레이더망도 못 잡는다던 미제 비행기
날쌘 동작으로 달라붙어 밖은 온통 시끌벅적
밖에 나간 아내
서둘러 뛰어 든다 아아 아파, 아파
모기 물린 자국, 장딴지 엉덩이조차 붉은 벌집 되어
아이구아이구 저 소리!
여름 뒤 가을 문 앞에 서서
비실대는 내 아내

시골 가을은 풍성한 하늘 푸르름 아래
깔다구떼들 내 딱한 아내 피 빨러
평택으로 옮긴다는 미국군대 군사작전
그 버금 가는 괴롬으로 아내를 동동
뛰며 아야, 아야 소리 지르게 한다.

아 여름은 풀쐐기로 위대하였고 가을 하늘 또
푸르름으로 키운 깔따구 부대로 위대하구나!

2006년 9월 27일 아침. 영빈관에서 일어나 카프카 평전을 읽다가 보니 쇠갈퀴 이야기가 나왔다. 「시골 의사」라는 작품 예문에 이런 구절이 나온다. "네 상처는 아주 나쁘지는 않아. 쇠갈퀴를 두 번 쳐서 뾰족한 모서리에 생긴 거야. 많은 사람들이 옆구리를 내놓고도 숲에서조차 갈퀴소리를 못 듣지. 하물며 갈퀴가 다가오는 소리야 들을 수가 있겠니."(클라우스 바겐바바하 짓고 전영애 옮긴 책 「카프카」〈홍성사, 1984년 7쇄〉, 70쪽) 아하 이 기막힌 이야기라니! 문득 지난 봄철을 보낸 내 아내 생각이 났다. 쇠스랑을 밟아 봄 내내 나를 곤혹스럽게 만든 아내가 여름에는 풀쐐기로 혼이 났어도 여전히 서울 생활 습관을 버리지 못해 반팔 차림에다 깡똥한 치마를 즐겨 입는다. 그러니 풀쐐기나 깔따구가 가만 놔두겠나? 어린 아내! 내 아내! 귀엽기도 하지!

줄줄 인연의 줄, 한가위 앞날

가을 아침은 하늘과 바람도 위대한 고요로 귀를 간질인다.

왜 이리 고요한가?

지난 주 2일 최유찬 선생 채만식 옹호 저술 낸

기념 자리 윤덕진 멀리 인천에서 올라온 사람

오랜만에 만난 조남철, 줄줄이 이영섭

중국에까지 발을 넓힌 사람들 모여 인사동 한 자리 이모집

나라걱정에 한숨이 줄줄

심지어 나라 밖에 튀어나가고 싶다고까지 지껄이던 모임

최현배 외솔 선생 손녀딸 은실까지 합쳐

기이하고 이상한 사람들 돈 버는 이치

이야기하다가 헤어진 인연들

오늘 뻥 뚫린 고요가 잠깐 서하리 집에 누운 내 귀를 넓히다가

대구서 기별한 김영희 선생 임용기 문과대학장 엄명이라며

모이자, 모이자 이 고약한 고요를 깨 부시자!

명쾌 걸걸한 성낙수, 의리와 정의감 투철하게도 오늘
어쩌려나! 설성경, 최기호 또 한 해 한가위 전날 모이자
서하리 길은 술 마시기 행차길이 좀 멀다
멀다 그래도 멀다!

요즘 나라는 미국 등쌀에 중국까지 목이 터지도록 커진 목소리
높다 높아! 아침나절 고영진 일본 동지사 대학교 교수된 사람까지
인연 줄 따라 일본 간 할아버지 발길 따라 최은실까지
광주 땅 화가 김인경까지 대보름 달
그 큰 달 빛으로 10년은 젊어지자고 외치던 날
인연들이 줄줄이 고요를 깨는구나!

박경혜, 이상진이 오늘 오후에 여길 들르겠노라 하니
내 삶의 고요는 만난 사람들로 떠들썩, 떠들썩

한 해 가을은 가고 한가위 보름달은 대낮 어딘가
나이 드는 사람들 인연들 구경하러 높이 떠 더 떠
여축도 없이 찾아와 와 우리 집 부엌을 휘휘 젓는구나!

2006년 10월 5일 정오. 아내와 새람이가 장엘 또 갔다. 쌀을 빻으려고 간 모양이다. 나는 늦잠을 또 잔 다음 일어나니 어깨와 팔은 더 쑤신다. 속절없이 지나가는 세월과 인연의 흐름이 그래도 나를 일어나 부스럭거리게 만든다. 아침 늦잠을 깨우는 전화소리에 잠을 깨어 만난 이가 일본의 고영진이다. 그곳 삶이 어떠하냐고 물으니 외국 생활이야 다 그렇지 않느냐고 한다. 여기도 그곳과 다르지 않다고 대답하고 보니 마음이 심란하다. 북한이 핵실험을 하겠다고 엄포를 갈긴 모양인데 미국은 요지부동, 중국까지 가세하여 난리다. 일본은 전후 가장 거센 극우파 아베가 정권을 잡아 전쟁준비에 여념이 없는데 미국이 저러니 이 나라도 외국에 사는 꼴 못지않게 들썩들썩 두려운 기운이 온 천지에 감돈다.

8월 대보름날도 다 보냈구나

김영희, 설성경, 성낙수, 임용기, 8월 대보름
그 앞날이면 해마다 모이더니 올 해
또 모여 막걸리 술 마시며 영어제국으로 가는 나라
걱정 안주
심한 걱정으로 술맛도 모른 채
늦게까지 마신 술로 정작 대보름
그날 제사도 술 취한 몰골로 꾸벅꾸벅

그렇게 이틀을 보낸 날 지나니 엄청 큰 고요가 마음
자리 텅 빈
구멍
김명복 시집 발문 쓰다가 아아
서글퍼라 외로움의 두더지 땅굴 파던 손길
서하리 빈 의자에 앉아
속절없이 지나가는 나날 앞에 아아
사방이 온통 조용하기만 하구나!

조용함의 더 큰 목소리
막막한 설움 목조차 잠겨

메마른 가을 가뭄에

달도 기울어지려는 구나, 구나!

2006년 10월 8일 저녁나절. 사랑채에 앉아 곰곰이 자신을 둘러보니 막막한 외로움이 내 몸을 휘감고 있어 아까 써 보낸 김명복 시집 발문의 내용들과 내가 꼭 닮아 있음을 알겠구나! 제주도 작가 오성찬 씨의 소설선집들을 읽고 있다. 발문을 써달라고 부탁하였는데 너무 많은 작품들이라 1970년대 작품들과 1990년대 작품들만 골라 읽고 있는 판이다. 맑고 투명한 소설작품이어서 읽기는 편하다.

김대중 앞 대통령 당신 참

어려서 우리들 불장난 하다 어른
오줌 싼다는 꾸중 듣고 잠들면 싼다
에비 불장난질 키 쓰고 소금 얻다가 망신
어른들 통신망에 걸려 된통 야단께나 맞았다.

어제 그제 미국 애들, 천치 같은 야만 짓 반복, 번복
호시탐탐 한반도 먹을 차비 일본 애들 꼬드기다
북한 핵실험 불장난질 하였다고 홱 돌아앉아
여기저기 들쑤셔 유엔이다 뭐다 들쑤셔 제재, 제재, 제재 재재
60여년 제재제재제재, 서러운 따돌림 받던 북한, 분한 북한
대포동 미사일이다 핵실험이다 떠들썩, 떠들썩 들썩 들썩들썩!
그래도 사람 같은 사람 있어, 있어! 김대중 당신 참 사람 있어!
남한 온동네 떠들썩 들썩
김정일 욕하고 입 비쭉이며 되돌아 침 튀기는 지식인 대학교수들 교수들

웅성웅성 왁자지껄 너도 나도 한나라 당 조선일보 너도나도 웅성웅성 북한

나쁜 아이, 따돌리고, 따돌리고 미국아이 광화문 한복판에 떡 버틴 버시바우, 버시바우

총독소리 우렁우렁 조선총독부 총독소리 질러 눈 지릅떠 부릅뜨는구나!

한사람 나타나 에헴, 에헴 크 에헴!

김대중 앞 대통령 한마디로 미국 당신들 책임져라! 에헴!

'에비! 핵 폭탄 불 장난질은 너희들만, 저 왜놈 머리 1945년

퍼부었던 꼴통 아니었나?'이 말만 빼고

에헴! 양키여 양키! 불장난 에비! 너희들도 에비!

그래도 우리 대통령 김대중 아직도 살아

한마디로 웅성이는 휜소 소리 맞서, 맞서

아하 우리도 사람이 있었구나 있었어!

양키여 양키! 너희들은 이제 지구 저 멀리 좀, 아니

네 나라로

떠나라, 떠나라, 떠나! 이유는 없다! 시인 김수영 형도 그랬다, 떠나라고!

떠나라!

2006년 10월 12일 광주 집. 어제 점심시간에 기와집에서 식사를 하다가 내가 그만 화를 벌컥 내고 말았다. 화학과 이모 교수 앞에서 그만 내 성질을 드러내고 말았다. 윤덕진 교수, 임성래 교수, 영문학과 김명복 교수와 점심식사를 하다가 북한 핵실험문제를 놓고 여전히 주장해 오던 조선일보식 북한 비난과 비웃음이 참을 수 없어 화를 내었다. 미국의 탐욕과 더러운 폭력에 대해서는 아예 눈도 돌리지 않는 이 교수의 태도가 비위에 거슬렸기 때문이다. 꽤 훌륭한 학자로 여겨 왔던 그의 그런 눈 좁은 태도가 마음에 걸렸다. 힘 센 놈의 횡포엔 눈을 감은 채, 힘 약한 북한 따돌림 당함에 너무 무심한 지식인 태도가 마음에 안 들었다. 오늘 집에 와서 신문들을 읽으니 온통 한나라당 패들이나 우파지식인들의 꼴통 의견들이 더럽게 느껴질 정도로 왁자지껄 떠들썩하다. 동족이라는 생각이 아예 빠져 버린 우리 민족 앞날이 어찌 될 것인지? 김대중 대통령만 의연한 태도로 어른다운 목소리를 낸다. 역시 그는 대인다운 뱃심과 경륜이 있어 보인다. 그래도 우리가 그런 어른을 가졌다는 생각에 다행이라 여겨 이런 글을 써 놓는다.

조롱박 계영배

서하리 농사 집안 농사
늦게 심은 박, 조롱박 지붕 만들다 오른 팔
약한 어깨 철심에 못 박혀
때 아닌 오십 견 통증 신음 아야, 아야 나죽네 팔 떨어져 나죽네 한방 침이야 가람이 사 보낸 칡즙이야
이리저리 신음으로 날 보내지만 팔 아파 죽은 사람 못 보았노라!
가장 만만한 아내 비웃으며 가로되
팔 아파 죽는다고 엄살 그만 좀 하라
거 여자 참 못되게도 빈정댄다!

팔뚝 사정이야 뒷전, 굵게 익은 조롱박 주렁주렁
하루아침 여덟 개를 따다 슬근슬근 톱질이야 슬근슬근
아내 불러 누가 아냐 제비 은공 보물 단지
로또 복권 당첨 숫자 누가, 누가 그 슬근슬근
쪽박쪽박 조롱쪽박
가진 모양 새 모양 찌고 긁고 찌고 긁고
계영배 한 짝 만들었다.

모양은 일그러진 잔 두 개 아래위로 층층이라
한 손에 잡고
잔 술 가득 부어 단숨에 쭈욱 빨며
최인호 「상도」에 써 퍽 알려진 계영배라

계영배는 채워도, 채워도 그 자리 내 집 쪽박 계영배
아래 줄기로 슬슬 새어 정말 진짜 계영배라
막내딸 웃어 정말 계영배야!

일그러진 쪽박 계영배 내 집 부엌
한편에 누워 누군가 술 따라 붓기만
고대고대 오늘도 저 지붕 치마 위 드높이
대룽대며 마시던 공기와 새 소리 귀 기울이며
조롱박 한 짝 계영배 되어 누워 있구나!

아 이 계영배 한 잔 술에 아프던 어깨 슬슬 풀려
팔 돌려 어깨 움츠리기, 그런 게 다 되어가는 구나!
아아 계영배에 따른 한 잔 술이여!

2006년 10월 17일 아침. 어제 연구실에서 쓰다가 다 마치지 못하고 오늘서야 맺는다. 그저께 저녁에 막내딸 새람이가 내가 새로 뽑아 본 시편들을 웃으며 읽다가 왜 계영배 이야기가 없느냐고 묻는다. 아빠 시는 정말 재미있는 가족사라 이 계영배 이야기는 꼭 들어가야 한다고 조른다. 이 시가 무슨 집체 창작이라도 되는 꼴이다.

눈비 섞인 입동 궂은날 외로움

가을 내내 몹시 덥더니
눈 비 섞어 땅에 뒹군 은행 잎 누르고
네가 그렇지 나도 그렇고 언제나 늘
그렇고 그렇지 뭘 안 그래?
이런 날 빈대떡 누름에 막걸리나 마시는
광경은 어떠한가, 그 꼴 새 어떠한가?

퍼지고 앉아 잘동말동 잠이나 부르면서
눈비 오는 대길날 밤
외로움도 푸지게 안아
한 긴 기지개에 무릎 꿇는다.

제자들 하나 둘 불러 살아있다고 알리고 싶어도 벌써
이 밤만 깊어 외로움 통 채 가슴 저민다.

나는 외로움이 가장 무섭다, 너는?

2006년 11월 6일 밤. 영빈관에 오니 방바닥은 서늘하게 냉기가 돈다. 이 영빈관 3층 307호실은 이맘때면 늘 추웠다. 오늘은 최인호 박사 차타고 집에서 학교로 오는 동안 비가 눈발로 바뀌더니 날씨가 퍽 차가워졌다. 야간 강의를 마치고 방엘 들었는데 성은혜, 고아라, 김지연, 김혜연 애들이 모두 보고 싶었다. 그들 모두 여학생들이었는데, 지금은 대학원생들이거나 졸업한 처녀들 아닌가? 이 밤중에 전화로 잘 지내느냐고 묻기가 어렵다. 이 난감함이 나의 외로움을 부추긴다. 이것들은 어떻게 잘들 지내는지 원! 젊은 애들이니 잘들 버티겠지! 내일 연락해 보기로 하고 오늘은 잠이나 자 두자! 어젯밤에 문자메시지로 걔들에게 보내었는데 김지연만 문자로 답신이 왔다. 남친(남자 친구의 준말이렷다)을 잃고 시름겨워한다는 이야기였다. 망할 녀석이라고! 그는 의대 나와 의사 수업하던 녀석인데 글쎄 지방에 가 있더니 거기서 또 다른 여자를 만난단다. 고 예쁜 녀석 상처가 마음에 걸려 잠을 못 드는 판인데 고아라가 전화로 안부 답신이 왔다. 지금은 벌써 7일 아침이다.

백운산 눈, 빛

겨울 문간에 선 입동입김 비 눈으로 서성거리다가
아침에 눈 뜨니 온통
백운산 눈 덮여 하얗구나, 입동 아침!

햇빛은 찬란, 찬란 저 센 빛살로 내쏘는데 눈부셔라
눈 덮인 백운산 새들도 부리를 닫아
묵묵 수묵화로 누워 있구나!

이제 나도 이 겨울 지내고
이 방 창문밖에 선 산들
멧새들처럼 입 닫고
떠나가야겠구나!
이 차가운 방 공기 하며
차가운 방바닥하며
모두 내버린 채 몸만
아내 곁으로 돌아가
긴 묵상으로 지나간 세월 마음 붓 덧칠하며
다른 날들 그 사귐 지져기고, 지져기고!

2006년 11월 7일 아침. 아침에 눈 뜨니 정말 기막힌 눈 장식으로 백운산을 장식하여 놓고는 저 어른 시침 뚝 딴 채 햇살만 요란하게 비친다. 새들도 부리를 닫고는 어제까지 연습시키던 그 모이 줍는 소리, 아침 식탁 장만하던 소리를 멈추었구나. 산에 둥지를 틀었던 저들 멧새나 짐승들이 이제부터 시련의 날들로 접어들었구나. 나도 둘러보니 이 방에서 이런 생각 저런 생각 잠기던 자리를 그만둘 차례이다. 여섯 주만 여기 오면 강의가 끝이란다. 차근차근 이 방 정리를 해야겠다. 마음이 좀 그렇다, 쓸쓸하다.

바람 찬, 거센 그 힘

햇볕 쨍쨍 바람은 쌩쌩
아침 내내 맑다 바람도 햇볕도
움츠리게 몸도 구불구불
잠에서 깨어나는 긴장
힘들깨나 쓴다.

웬걸 나무 잎 데굴데굴 쏴아
발걸음 멈추게 하던 그 나무 잎 구르는 길
아침 바람은 나무 잎 춤추던
몸 굴림
아름다움 다 말로 못하겠네.

2006년 11월 8일 아침 영빈관. 아침인데 웬 바람이 이리 불까? 가람이가 늦게 일어났다고 문자로 소식 전한다. 바람이 정말 엄청나게 화가 났나보다. 어제는 박경리 선생님 모시고 맛있는 쇠고기 집 〈석탑〉에서 저녁을 먹었다. 마침 은희경 씨도 문화관에 와 있어서 함께 술 한 잔을 마셨는데 학부 국문학과 학생들이 통일축전 기념 술집을 내어 거기서 또 와장창 마셨다. 잠이 그리운 날이다.

그 많은 나날들 모두들 어디 갔나

잎들 지고 논 밭 푸르던
90일 배추 고랑 점점이
하나 둘 지붕 밑 울타리 안에 모여
겨울은 푸른 바닷물 염전 된서리 소금되듯
몸을 오그라뜨린 채
노란 속살로 숨어들 가는구나!

소금도 고추도 모두 가루, 가루
배추와 어울려 뒹굴며 너 갓도 저 청각도 생강 마늘도 다 와
너도 나도 한 몸 바다에서 놀던 자잘한 어류도 삭은 채 다 와
그 빛나던 나날들
모두 감추고 꼭꼭
부등켜안았구나 추워, 추워
꼭꼭 부등켜, 부등켜!

저 힘차게 솟아 땅 속
깊은 인연 심던

손 아름 굵게 무 쑥쑥 자라 푸르던 잎들
속절없는 세월 낚던
하루해 저문 밤 빛
별로 빛바래

그렇게 많은 나날들
왁자지껄, 왁자지껄
까르르 까르르 웃음소리도 한 몫
우주 저 어느 별들 숨겨진 날
속으로 잠겨드는구나!

푸른 날들 그렇게
그렇듯 시끌벅적
다 가버렸구나
김칫독 빈 항아리 채우듯 웃던 웃음
텃밭 배추들 푸른 빛 감추듯
모두 다 가버렸구나!

2006년 11월 20일 아침 6시 45분. 어제 김장을 다 마쳤다. 여름에 심어 그토록 비를 기다리게 만들던 배추와 무가 잘들 자라 인천 아우 식구들에게도 한 50포기쯤 주고 추위가 무서워 뽑다가 말다가 한 배추 갈무리하느라 한 70포기쯤은 소금에 절여 지난 9일부터 난리를 치다가, 금요일 오후에 큰딸이 오기 전에 김장 김치를 다 담갔다. 가람이 내외, 대학원생들 둘이 왔다. 얼굴 동글고 잘 생긴 김정한과 힘이 천하장사처럼 크고 튼튼해도 글은 아주 섬세하게 잘 쓰는 손동호 군이 와서 김치 항아리 묻을 땅과 힘써서 해야 할 여러 집안 구석구석을 모두 갈무리해 놓고는 휭 하니 가버렸다. 아마 김치 냉장고도 하나 큰 놈으로 샀었지 그게 토요일 18일이었나보다. 이제 겨울 준비도 다 끝나간다. 학기도 다 끝나가고, 내 생애 공식적인 직장 일도 다 끝나간다. 이 시각이 돼도 밖은 깜깜절벽이다. 김칫독 묻은 일들이 아련하게도 기분 좋게 다가서지만 그것도 곧 잊을 날들로 사라질 것인지? 금요일에는 내 시집 원고 91편 편집된 것을 받았다. 교정쇄 교정과 제목 붙이는 일로 골머리를 조금 썼지만 아직도 정하지 못하였다.

틈에 대하여

모든 시간과 시간 사이 틈
저녁 식사 뒤
일하러 갈 사이 틈
한 두어 시간이나 30분
또 아니면 1, 2분이라도 틈
그것은 사람을 억누르는 힘
그래서 사람은 심심하거나 두렵고
외롭다는 말도 이럴 때, 틈
너와 나 사이에 틈이 벌어져 틈바구니 사이
거기 끼인 행여 남이 있을까?

밤은 그냥 어둠으로 강물지어 흐르고
나는 어슬어슬 서늘한 밤 연구실에 앉아
차범석 「대표적 극작가의 작품세계」 읽으며
하염없는 시간 틈바구니에 끼인 또 한 남
틈새에는 늘 외로운 나와 너 거기
일들의 이음매 그리며 틈으로 서 있구나!

온통 삶은 이 틈과 틈으로 된 외로움이었구나!

2006년 11월 20일 저녁. 노대규, 임성래, 양정석 교수들과 〈개건너〉 음식점에 들러 두부전골로 밥을 잔뜩 먹고 연구실에 들어와 난로에 불을 붙였다. 오늘은 내 시집 제목도 정해 붙였다. 「시가 아프다」가 그것이다. 처음에는 가벼움과 무거움, 개인적인 것과 사회적인 것의 무게조절을 위해 「흰 방울새와 최익현, 시가 아프다」로 정했더니 가람이와 이상준 군이 「시가 아프다」로 정하는 게 낳겠다고 우겨서 그렇게 마음을 굳히기로 하고 한봉숙 사장에게 전화로 알렸다. 남긴 두부가 아까워 다 먹었더니 배가 부르고 실은 엄청 졸립다. 한숨 자야겠다. 감기 손님이 문제지만 그래도 잠은 그리움이다.

09 »

가리왕산에는 곰취가 산다

날개

나는 것에는 날개가 있다
살아있는 것에는 날개가 있다.

나는 날개를 달고 여기까지 날아왔거니
날개는 두 개
달려, 달려라
창공을 나는 펄펄 펄럭이며 나는

시름 접고 다시 푸른
모든 존재는 두 날개가 있다.
나는 떠나도 난다.

2006년 11월 21일 아침 영빈관 책상 위에 앉아있다. 이제 이 방과도 조만간 하직이다. 여기 고즈넉하고도 좋았던 내 생애의 한 시절을 접고 여길 떠야 한다. 어젯밤에는 〈녹색평론〉 11~12월 91호에 실린 글 박승옥의 「잔치가 끝나면 무엇을 먹고 살까(2)」를 다 읽었다. 석유 자원을 먹이로 한 왕국, 더러운 어둠의 왕자들 록펠러니 노벨이니 부시니 하는 석유중독자들의 만행을 읽었다. 기분이 아주 더럽다. 이것들이 전 지구를 돌아다니며 가진 악행과 살육, 부도덕을 일삼고 있는 동안 편안하게 앉아 수만 리를 날아온 포도나 다른 과일, 칠레 산 호주산 따위의 음식을 우리 옆에서 딴 것들보다 싼 값에 먹는다. 왜 이럴 수 있을까? 그것은 오직 석유라는 에너지 힘이었다. 우리가 모두 갈데없는 석유 왕들의 노예임을 그는 힘차게, 힘차게 밝히고 있었다. 스스로 서라 스스로! 그러려면 농사꾼이 되어라. 그것도 당장! 어서! 마음 아프다. 정년 기념강연을 위한 원고를 어젯밤에 좀 썼다. 위의 시는 이번 학기에 만들어 쓴 강의 열쇠 말이었다. 간략하게 적어 두려고 썼다. 학생이라는 날개가 없다면 선생의 한 날개로는 날 수가 없다. 하지만 나는 난다.

당신도 참 그렇게

행여 당신 내게
꿈길 달려 올 때
옷들은 입고 오구려!

번번이 당신
꿈길 밟고 오면서 옷은 벗어 나는
그 옷 찾아줄 생각도 못한 채 그만
당신 몸 탐하다가 글쎄, 아니 그랬었나?

어느 날 문득 대낮에 당신 얼굴 보기
꽤 민망하여 얼굴 붉히다가
그래서 당신 행여 내 꿈길 밟더라도
옷은 입고 오라고 싶은 그게
꿈인지 생신지 그래 하여튼 당신
웃음만 남기고 그래서 내게
사는 집 잔뜩 젊어진 당신과 나눈
귓속말만 여기 저기
흩어지게, 흩어지게 쟁쟁
귓속에 남은 입김 소근 소근

보름달이 뜨려나보다!

2006년 11월 22일 아침 영빈관. 눈 뜨니 벌써 여축없는 아침이라. 어제저녁은 이상하게 술을 마신 날이다. 학교 발전 방안, 늘 부총장만 바뀌면 시끄럽게 떠들곤 하여 교수들을 괴롭히는 그런, 인문학부 무슨 회의라고 저녁을 그럴듯한 곳에서 낸다고 하였지만, 피하고 싶어 여기저기 저녁식사 함께할 사람 찾다가 서이자 박사를 불렀다. 교수이면서 교수가 아닌 이 사람 생각하면 늘 미안하고 부끄러운 사학과 비정년 교수라나 뭐라나 지식사회 인재 능력 착취를 당하고 묵묵히 그 실력만 쌓고 있는 학자와 끈이 닿았다. 마침 이주삼 박사도 불러내어 국수를 시켜놓고, 서이자 교수는 돼지고기를 못 먹는다, 막걸리를 마시기 시작하여 나만 홀랑 다 마시는 만남이 돼버렸다. 아내가 들으면 분명 몇 마디쯤 들을만한 그런, 아니 딸년들 들으면 더욱 그렇겠지만, 뭐라고? 둘 다 자동차 그놈의 자동차를 가지고 왔으니 어째? 내가 들고 간 술병이 또 있었다. 지난주 백경선 교수 남편 윤 교수가 갖다 주라고 들고 왔다는 18년산 조니워커 골드 3분의 1뼘쯤 남은 병을 들고 갔더니 서 박사는 글라스 밑바닥에서 손톱만큼 홀짝이고 이 박사는 막걸리 한 잔 반에다가 양주 손톱 반 잔정도 마시고, 그래서 나만 취했다. 커피 마시러 가자고 하면서 간 단구동 어느 곳에 가니 커피향이 은은 그거 참, 거대 기업 도둑놈들이 남미 쪽 어린애들까지 혹사시켜 팔아 제킨다던, 그 커피를 둘만 마시고 나는 와인 석 잔을 들이켰다. 아침에 일어나 밖을 보니 저 우람한, 여름날 그렇게 싱싱한 나뭇잎으로 사람 기를 죽이던, 바로 그 오동나무가 완전히 타르코프스키의 영화장면에 나옴직한 꼴로 옷을 벗고 서 있다. 옷은 입으나 안 입으나 물상은 거기 그렇게 있는 건데! 안 그래? 오늘 하루가 시작되는 데 글쎄 잘 살고 있는 걸까?

한기호 형님 칠순 잔치

사는 일에 성공문제를 물어 무엇인가 툭하면
정말 성공하는 삶이 무엇인지
그는 내게 물었다. 대학교 들어와 저 먼 시골 길 팍팍한 어둠 속 걸어와
푸른 방패만이 오직 내 생애의 방어 수단이었을 때
시그문 오솔길을 한참 걸어 오르던 골목길 언덕빼기
오두막 어두운 방 한 칸 벽에 걸린 바이올린 내 눈을 찔렀다.

4.19 학생혁명 잠식해 먹어치우던 탱크 군대 한강 건넌 바람 쿠데타라
5.16 매서운 독기 전국을 휩쓸고 지나간 어느 날 내 답십리 일우 불우
찬바람 씽씽 불던 흙집 한 칸에 한 사람 데리고 와 그 사람 김지하라
부리부리한 눈매로 세상을 질책하던 사람
갓김치 맛을 조금씩만 보여주던 그 사람
내 젊은 시절 한 삶의 복판 위에 떡 버티고 앉아 성공하는 삶

실패한 혁명과 욕망의 악귀들 제국주의 회칠하는 근대화 바람막이로
다섯 도둑 이야기로 천한 인생 논하던 「오적」이라, 「나폴레옹 코냑」이라
그렇게 시도 쓰고 도도한 웅변, 징역 행으로 밟아가고 있었다. 긴 긴
영어, 징역 행으로 신산고초 다 겪던 그 사람
옆에 많은 사람 양산박 도둑떼 모이듯 영웅주의 기운 한 때
숨죽인 채 그래도 영자로 신문 만들던 형님 한기호 옆에 모여
이곳, 저곳 여기, 저기로 수숫대에 바람 맞듯 휭휭 바람도 씽씽

원주 진광중학교 교사직도 옴팡 닭똥집 구이로 막걸리깨나 마시던 그 시절에
한기호 그 형님 내게
가끔씩 물어 정말 성공하는 삶 무엇이냐
장일순, 장화순, 이름만 들어도 가슴에 훈기 감도

는 사람들 떴다가는 지고
저 먼 곳 가뭇 가물거리고 이제
모진 세월 박정희도 가고 전두환만 빛잔치 못한 채 천한
천하게도, 아니 몽니로 한 세월 주름잡으며 사람들 속깨나 타게 하던 사람
천한 이름 제이피라! 아직도 어느 구석에 몸 굴리며 눈망울 부릅떠 퉤퉤
가래침깨나 뱉고 있겠지! 더러운 가래침으로 뒤갑한 삶 그것도 성공이냐?

모두 성공한 삶이었는지 오늘 나는 한기호 형님
일흔 살 나이 듦 머리도 빠지고 주름도 자글대는 이들
그 나이 먹으며 이룬 성공한 삶 그게 뭐냐고?

청맥, 푸른 보리였나 그 잡지사 안국동 어느 골목에서 타던 기생 출신
거문고 소리가 지금도 쟁쟁한데
모진 영어생활로 피폐해진 몸 움직이며 아직도 김

영일 그 사람
지하라는 이름으로 버티고 앉아 서서 앉아 그윽하게 눈
가늘게 뜨고 여기저기 나타나 지팡이 짚고 에헴!
뭔가 늦게 대학교에 들어가 열 가지 삶의 법칙 가르치며
어언 정년을 넘긴 송 복 형들도 모두 모두 아직, 천재 작곡가 강준일 형제들도 모두
두리번 두리두리 자기 삶 성공여부 묻느라 지금도 바쁜, 아주 꽤나 바쁜
나날들 세상 별 볼일 없음을 깨닫고 있겠구나!

아니 아니다 아직도 세상살이
거기 뜻있는 일 있다고 중얼거리는 사람 있을까? 수리수리 마하수리
관세음보살!

삶에는 생각의 우물 있어
우물 속에 들면 거기 깊은 만남의 샘 있어

좔 좔 좔 물 흐르듯 만난이들 시간 틈 공간 샘
물결로 샘물 이루며 지나간 먼 세월 저쪽 잘도, 잘도
아아 정말로 잘도 흘러만 가는구나!

오늘이 바로 그 물 흐르는 만남 눈 빛 빛내며 저
먼 어느
하루 강갑문 어른 댁 피아노 소리 울리듯
떠들썩떠들썩 들썩거리며 즐거움이 가득 가득 차
겠구나!

양산박 두령들 모두 모여 그들 모두 모여
빛나던 칼춤 창술 연기 뽐내며
무용담 숨긴 채 한기호
악어 형 오늘 먹잇감 놓고 눈물깨나 흘리겠네.

악어새 강연심 그 형수 간잔조롬 가늘게 눈 떠
먹잇감 놓고 눈물 흘리는 악어 옆에 앉아
긴 여정 걸어온 발걸음 흔들리잖게, 흔들리잖게
주태백이 온 평생 술 눈치깨나 던졌지만 실패에 실패

야 이것도 성공한 인생이라! 허허 껄껄 한기호 형 웃으며
니 형수 눈치 주지만 우리 좀 더 마시자 낄낄 허허 낄낄낄!

거 말이야 정 박사! 술은 말이지 에헴! 조금만 마시는 게 건강
건강에, 건강에 조금씩, 조금씩 그게 합치면 만취라 허허허허
만수무강, 만수무강 빌며, 빌며 나도 소리꾼 흉내 내어
덩실덩실 박재일 형 춤이라도 나올라!

오늘 악어 형 한기호 만수무강 핑계, 핑계 빌어, 빌어
비나이다, 비나이다 만수무강 비나이다
한바탕 마음, 모시고, 모시고 얼씨구 한바탕
즐겨나, 성공한 삶 길 찾아보세, 보세 덩더쿵, 즐겨보세나!

거 참 악어 형!
즐거운 날 칠순이라 일흔 해 맞는 날
째지네 째져 기분 째지네!

2006년 11월 23일 저녁나절. 사돈 고복영 내외분이 들러 여름내 기른 배추를 뽑아 모시고 갔다. 여름이 갈무리되는 기분이었다. 모레가 형님 7순 잔치라는데, 조카 영완 군이 인도네시아에서 돌아와 내게 축사를 부탁한다. 오랜만에 강연심 형수님으로부터 전화도 받았다. 이번 주는 일들이 아주 많다. 내일은 김화영, 김선득 교수를 만나 저녁약속, 모레가 형님 잔치, 글피는 시제이다. 월요일 아침 9시는 문예진흥원 비평심사를 맡아 허둥댈 판이다. 12월 5일자로 나는 퇴임 강의를 하는 날이다. 그 원고도 써야 하고 되게 바쁜 계절이로구나!

가리왕산에는 곰취가 산다

가리왕산
거기 가면 바위틈
하늘 푸르고 산 높은 자리 어느 곳
우산 크기로 펼쳐진 곰취가 산다
곰취는 산과 들 사람들 마음에도 산다.

고복영 사돈 댁
마음속에 가리왕산
저 평창군 그 산
가리왕산에는 곰취가 산다고 오늘
깊은 산 중 호랑이도 나온다던 그 산 속
바위 틈서리 곰취
향내 깊은 곰취
내 마음에도 심어놓고 가리왕산
향취가 코에 스민다. 가리왕산
가리왕산!

2006년 11월 23일 저녁. 고영복 사돈 내외가 다녀갔다. 오랫동안 마음속으로만 벼르던 만남이었는데 오늘 드디어 홀연히 다녀갔다. 배추와 무, 갓, 쪽파 등을 차에 싣고 가는 뒷모습이 좋아보였다. 올해 김치는 맛이 더 있기를 빌 뿐이다. 아파트 높은 층 꼭대기로 올리느라 여러 번 왕복을 하였다고 알려왔다. 부자가 되었노라고 축복이다. 두 부부가 어찌나 부지런한지 안가 본 곳이 없어 보였다. 곰취 이야기며 송이버섯에 능이버섯까지 모르는 자연물이 없다. 기분 좋은 하루였다. 마침 어젯밤에는 세종대학교 재단사무처 박춘노 국장으로부터 복직원서를 써 보내라는 소식도 전해 들었다. 다다음 주면 강의가 끝나 마음이 썰렁할 그런 마음자리에 그래도 강의 자리가 마련될 것 같아 좀 누그러졌다. 간사하긴! 어리석은 인간아! 웃기지 말거라! 곰취나 따러 가자!

지하철 속의 나무들

서울에는 땅굴깨나 파였다. 지하철
굵은 뱀 같은 몸통 속에 한발 내밀어
둔한 몸 굼뜬 머리
빠른 욕망과 굳은 비위 부리고 앉아
펄럭이는 나무들 소리 듣는다.

소식, 메트로, 뉴우스, 정보, 정부들 가득찬
이익 전하는 각종 종이로 변해
온갖 나무들 활자로 눌려 지하철에 와 죽었구나!

문명, 그 개자식이 지하철을 시켜 나무들을 먹는구나!
어허 그렇게 문명이 나무깨나 먹어 대는구나!

2006년 11월 26일 원주 연구실. 오늘 아침 첫차로 서울 문예진흥원 갔다가 겨우 시간에 대어 원주에 왔다. 새벽에도 겨울비는 내린다. 나무도 곡식도 텅 빈 들판 어둠 속 덜 깬 잠으로 눈, 눈 눈들이 잠든다. 소설가 김원우가 내 다음으로 도착, 오랜만이다. 그는 김영희 교수가 있는 계명대학교 문창과 교수로 재직. 김영희 교수 애기로 아침 꽃을 피우며 커피 한잔을 마셨다. 커피나무도 아이들을 꽤나 괴롭힌다던데 그래서 내가 꺼리는 기호품의 하나지만 그냥 마셨다. 왼편에는 김광규 형이 오른편에는 평론가 오생근 교수가 여자 동화 평론가 최윤정 씨가 앉았고 앞 자라엔 김원우, 이은봉, 홍정선이 앉아 겨울비 추적이며 내리는 아침을 보낸다. 문예진흥원 대회의실에서 문예진흥원 문학상 심사를 하였다. 3000만원짜리인데 올해로 마지막이란다. 소설부문에서 정찬이 받게 되어 아주 기쁘다. 알려줘야지. 미리 말하지 말라고 다짐을 하였지만, 그래도 정찬은 내가 참을 수 없을 정도로 마음 급하니까 알려줘야지! 심사비 5십만원 보낸다고 플라스틱 돈 번호를 적고 왔다. 겨울비가 아직도 자꾸 내린다.

삶은 달걀인가

달걀, 기차여행에 달걀은 굴러다닌다.
때론 어릴 적 소풍에도 따라가
삶은 달걀이다.

껍데기가 옷 벗고 흰자
다음
그 속살도 노란
달 둥근달 모두

노른자만 탐한다.
노른자 땅값 천정도 없다고들
삶에도 노른자로 성공한 자 자 자
높은 집 꼭대기에 앉아 어질어질
성공한 노른자로 삶 복판에 틀어 앉은 사람
삶은 달걀이다.

껍데기는 가라고
누군가 외쳐 가로되
삶은 달걀로 쳐

노른자만 먹는 자
껍데기로 사기 친 자 자 자
껍데기여, 껍데기여!

삶은 달걀로 잴 수 없다.
삶은 달걀, 삶은 달걀
노른자와 흰자
걀걀걀
닭이 웃는다, 웃어!

2006년 11월 29일 아침 영빈관. 어젯밤에 서이자 선생과 중국 음식점에 가서 양장피를 시켜놓고 이과두주를 마셨는데 윤덕진 교수도 왔다. 영빈관에 앉아 취한 몸을 가누는데 별안간 달걀 생각이 났다. 삶의 중심에 있다고 착각하는 사람들, 돈 많은 사람, 큰 집 서너 채 지닌 사람, 높은 자리에 앉아있다고 착각하는 사람, 세상일을 모두 자기가 관장한다고 착각하는 사람들을 모두 이 달걀로 풀어볼 수 있다고 생각하였는데 다시 생각하면서 써보니 어림도 없다. 아무튼 그래도 일단 적었으니 더 두고 볼 판이다.

12월 눈비 맞는 배추 잎

12월 첫날 눈 비 오다
저 텃밭
고개 들고 서 있는 배추
얼다 녹다 땅은 그 힘으로 배추에게 일러
겉옷 얼지 말라 겉 잎 얼지 말라 힘주고
쌩쌩 부는 바람 얼어라 얼어라 배추!

하루 밤 지나고 이틀 밤 지나고
여름 내 가꾸던 임자 바쁘게, 바쁘게
발걸음만 바쁘게

얼다가 시울은 떡잎 고르며
한숨짓는다.

너희들 그렇게나 땡볕 쬐던 여름날
비를 기다리며 우리 돌보던 눈길
간데없고 시든 우리 잎 보고 한숨짓느냐?

오늘 너에게서 머지않아 내 몸 떡잎 진

시듦 내 시름 엮어 갈
면 뒷날을 본다.

2006년 12월 2일 한낮. 서하리 꼬마 방. 오늘 우학모 이사회 모임을 여기서 하기로 하여 모두들 오고 있는 날이다. 구연상 박사가 주도하지만 나는 모두 극진히 대접하려고 한다. 오늘 오실 분들은 나중에 옮겨 적으리라! 앞밭에 나아가 얼은 배추를 다듬다가 마음이 저려 이 글을 쓴다. 저려서 보쌈김치를 대접하려고!

12월 겨울 달 밝으니 사람 참

달은 차면 둥글다
겨울에도 달, 저 미치게 밝은 달 휘영청
툇마루 넘보니 사람 참
잠 못 이루겠더라!

님은 누워 끙끙
손님 맞은 뒷자리 질병 앓느라 허리 어깨
무릎 팔 두드리며 아야아야 달빛은 괴괴한데
북새기며 울긋불긋 마당가 휘젓던 용들은 가고
너만 남아 달빛에 취해
이 꿈 저 꿈 헤아리다

12월에도 달은 뜨고
찬바람에도 술은 달아
하룻밤 모진 사람 냄새에 취해
이 날 하루 잔뜩
아주 잔뜩 즐겁게 살았어!
거 정말
잘 살았음을 알겠구나!

2006년 12월 4일 저녁 원주 연구실. 어제는 오후부터 우학모 이사회를 집에서 치르느라 아내가 완전히 골탕을 먹었다. 날짜를 잡아 세 번째 계속한 김장 담그기와 〈우리말로학문하기〉 이사들 모임 준비로 사랑채 뒷 집에 바람막이를 하느라 온종일 이리 뛰고 저리 뛰느라 온몸이 근육깨나 붙었을 거다. 손연희, 지가 해 놓은 얼개를 보며 깔깔 '내가 공대 출신 같지 않아?' 한다. 웃기는 얼마나 잘 웃던지 원! 그리고 나서 오후 드디어 오기 시작한 손님들은 면면이 즐거운 사람들이었다. 오태권 강사가 먼저 도착하여 안채로 뒤꼍으로 다니며 손님맞이 준비를 서두르자 이승윤 박사가 이상진 박사 차로 와서는 내게 비싼 개량한복을 입힌다. 박경혜 박사 김옥순 박사와 함께 도착하여 사온 짐을 푸는데 청어에다 대하, 생물 생선들을 잔뜩 사다 부려놓는다. 나는 우선 과분한 옷을 입어보고 서둘러 평상복으로 갈아입고는 사람들을 다시 기다린다. 서은경 강사, 유재원 박사, 최기호 박사, 구연상 박사 등이 모여 불 피운 뒷 집에서 회의를 시작하여 2007년 2월 23일경에 치를 우학모 모여 얘기하기 준비를 대강 마쳤다. 좀 늦게 도착한 박치완 박사 대학원 논문 심사를 마치고 헐레벌떡 도착하여 술판이 벌어졌다. 이날 철판에 구워 대접한 요리 내역은 이렇다. 삼겹살 돼지고기, 햇김장김치, 소염통구이, 대장구이, 곱창 구이, 청어, 대하구이, 전어구이 그리고 된장 푼 쇠고기 배추 국, 술은 술독에 모셔두었던 우리 집 쌀 술로 시작하여 그걸로 끝장을 내려고 하였으나 모두 집에 가기 바빠해서 중도에 그쳤다. 안채로 들어와 화로에 불을 지피고 벌인 술판이었는데 거 참! 아쉽게 일어서던 박치완 교수에게 아주 미안하다는 인사를 지금도 남겨놓았다. 달빛이 요염하게도 들창을 비집고 얼굴을 내민다. 우렁찬 용들이 다 가고 나니 이 달빛이 너무 밝아 집에 남은 나와 아내는 달빛과 술에 취한 몸을 뒤척인다. 아내 손연희의 끙끙대던 광경을 달빛 핑계로 적어, 이 날의 만남을 남기려고, 저런 엉터리 운문을 썼다. 허허허!

새벽

밤은 깊고 넓으며 또 먼 저 먼 어둠
깜깜, 캄캄 절벽
그런 틈 사이
빛은 어둠의 어둠을 밀치고
눈가에 와 소근 소근

어둠은 길지도 짧지도 않게
때론 뱀처럼, 성큼성큼
노루 발자국 뛰듯
어스름, 어스름
네 옆에 다가온다.

한 낮이 올 모양이다.

2006년 12월 7일 새벽 서하리 뱀 방. 지난 5일 화요일 오후 4시는 내 생애의 정식 직장을 하직하는 강의를 한 날이다. 150부 준비해간 팜프렛이 모자라 뒤에 온 분들이 못 받았다고 한다. 성황리에 끝난 내 발표 내용을 여기 옮겨 두고 싶지만 너무 길어져서 어떨지

고심 중이다. 김경희 교수는 안식년인데도 우정 찾아와 자리를 지켜주었고 뒷자리 끝까지 자리를 지켜 앉아 남편이 싫어하였겠다. 백경선 선생과 이 두 분은 내게 돈을 건네었다. 강창민 선생까지 모두 6십만원이 생겼다. 낯 뜨거운 대접, 부끄럽지만 어째? 부산에 있는 제자 박미옥 교수가 편지로 내 이 자리가 있다는 걸 미리 알았으면 갔을 거라고 격려다. 신촌 캠퍼스로 간 홍성찬 교수가 또 우정 찾아와 자리를 지켜주었고, 시인 고운기 박사가 읽어준 헌시 「찬비」 낭독과 노래는 사람들의 마음을 건드리는 것 같았다. 박경혜 선생은 사진 찍어 주느라 음식도 제대로 먹지 못한 것 같았고, 학생들, 여러 선생님들 계단강의실을 가득 채워주신 모든 분들께 그저 고개 숙일 뿐이다. 정창영 총장은 들고 올 수도 없이 큰 양란 화분을 하나 보내었다. 우학모에서 보낸 화환과 여러 학생들이 건넨 꽃다발은 연구실에 두고 왔다. 꽃들이 시들겠네! 원주 김기열 시장이 보낸 선물을 토지문학공원 소장이 가져왔다. 박경혜 선생은 애드 빌을 또 한 통 사왔고, 강창민 선생이 국문학과 각 교수들에게 주라고 가져온 은행알들이 반짝반짝 빛난다. 김향이 사 온 꿀과 화장품, 아주 많은 선물을 받았다. 그래도 눈물은 흘리지 않는다. 나는 또 꿈꾼다.

아침에 눈 뜨니 아내는 끙끙대며 목이 아프다고 한다. 나는 어젯밤에 아내가 웬 도둑놈과 잠자는 꿈을 꾸어 기분이 아주 나빴다. 몽둥이를 찾아 두리번거리다가 방에 가니 이미 그 작자는 사라져버렸다. 왜 이런 꿈이 꾸어지는 것일까? 내 몸에 도둑이 들었다. 40대가 못 되는 사내인데 무슨 일이 잘못되어 그렇게 되었노라고 아내는 태연하게 말한다. 아내 몸을 너무 방치해 둔 내 자의식이 그런 꿈으로 나타났나? 그것 참! 밤 어둠 속에서 벌어지는 꿈 이야기이다.

어두운 샘

시인들은 남의 이름과 말 샅바 쥔 채
땀 흘리는지, 정액을 쏟는지
아니면 난자라도 내놓는 발버둥질 치는지
너도 나도 책들을 뒤적인다.

책, 책 말이야!
온통 서양 책들!

바실라르 바쉴라르, 저 높은 프랑스 종
개들 멍멍 소리
옮기고는 커흠 어흠
한국에 시인들 참 많기도 한데
모두 누굴 닮았어, 닮아 빼 닮아!

아니 닮으려고 하지만 못 닮아
거 왜 있지 엿 먹어라 장지 떡 먹이고 내빼던
먼지 속 찢차 위에 저 미군
하얀 이빨 속만 닮아 닮았어!

이 나라 시
시 학설 이론 모두
어두운 샘 젖줄로 삼아 빠는구나
빨아 힘차게!

2006년 12월 8일 서하리 집 꼬마 방. 날씨는 약간 흐리고 오늘 한국문학연구회 송년모임이라 하여 오랜만에 나갈 준비로 앉아 있다가 〈서정시학〉 2006년 겨울호 32호를 여니 모를 소리들로 가득 차 있어서 어지럽다. 이승훈 군은 평생 그렇게 남의 학설만 소개하면서 제 것인 척하고 말 판인가보다. 멀미!

10 »»

나는 꿈꾸는 새다

날 파리

지나간 한 가을 모기도 요란했거니 그 깔따구
대기 속에 숨어 비행하기가
스텔스 요격기 빼닮은 민첩, 약삭빠른
살 틈만 나면 대롱을 꽂아 피를 빨던 저 위대한 여름 전사들
파리조차 그들보단 덜 귀찮은 존재였다.

날 파리
겨울 문턱에 너희들은 날 힘을 잃고
애앵대던 여름의 무성한 풀숲
질척이던 수돗가 어디
밥상머리까지 따라와 괴롭히던 너
이제 안 보이는구나!

너는 올 봄과 여름 그 긴긴 날들을 기두르느라
깊은 쉼 속에 누어
자취를 드러내지 않는구나!

나도 이제 일어나 너

그 긴 쉼의 뜻을 찾으러
가리, 가야 하리 가리라!

2006년 12월 11일 아침 일찍 일어나 서하리 쪽방에 앉았다. 지난 토요일은 과한 술판을 즐겼다. 학부학생들이 점심때부터 와서 저녁까지 판을 벌였었다. 김재남 사장 주도로 손현정, 양일동, 이동규, 이혜원, 김민형 군들이 와서 아주 많이, 많이 마신 판이다. 옆집 최현정이까지 불러왔다. 처음엔 맥주를 땄다가 막걸리로 가양주로 끝은 냈는데 그래서 일요일이 힘들었다. 아이들이 가고는 나만 호성이네 호프집엘 들려 또 마셨는데 그게 문제였다. 이제 그 후유증이 위장으로 옮겨와 남았다. 더부룩한 뱃속! 그것만 달래면 된다. 오늘은 경법대 백평선 학장이 점심을 하자고 지지난 주부터 약속을 해왔다. 예의 바른 분! 오늘 저녁에 4학년 사은회를 한다고 하였고, 내일은 교육대학원 논문 심사 일정이 잡혀 있다. 수요일엔 평창동 소재 가나 아트에서 조광호 신부님 전람회가 있다. 그리고 그 다음 날 14일 최유찬 교수와 최동호 교수들과의 모임이 마련돼 있다. 바쁘고 바쁘다!

나는 꿈꾸는 새다

모든 몸, 들판은 꿈꾼다.
길바닥에 눕거나 산꼭대기
바위 위 뿌리내려 숨 고르는 소나무
논에 질펀한 물, 작은 우물가를 지나다 멈춘 구름도
아니 너럭바위도 꿈꾼다.

꿈은 있음의 있게됨
있음을 잇는 이웃으로 가는 날개다.

멀리 날아간 붉은 옷 입은 네
살빛 입술 봉긋한 젖가슴도 가끔
훔쳐 만지는 꿈꾸고 창공에 떠 발아래
꼬물대는 삶들도 기웃대며 여유로운 날개 짓 하는 꿈
땅위에 앉아 가려운 겨드랑이 쉬는 꿈

나가는 꿈 들어오는 바람
모든 물상은 꿈을 꾼다. 낮이나 밤이나
들려오는 저 물소리, 바람결
지금도 나는 꿈속에 들어

한 살이로 나아갈 길 날아, 날아라!
나는 꿈꾸는 새이니.

2006년 12월 11일 월요일 아침. 최인호 교수를 기다리며. 아침에는 일어나 두부기계에 콩을 골라 붓고 시키는 대로 물을 부어놓았더니 곧 두부가 되어 나왔다. 기침깨나 하는 아내가 거기에 굴을 넣고 순두부를 끓이는 모양이다. 나른하고 좀 졸리다.

아침이 울어

어둠이 채 물러서지 않은 방
창밖 어스름 저 쪽에서 너
아침이 울고 섰구나.

우줄대던 나무들도 숨을 죽인 채
어둠 기우는 아침
너 서럽게 울고
아침 별들도 조용히
우는 너만 보고 있구나.

2006년 12월 13일 새벽을 넘긴다. 영빈관. 방 짝이던 배홍식 박사가 자던 왼쪽 침대는 텅 빈 채 흰빛만 내뿜고 부스스 눈이 뜬 내 머릿속으로 아침우는 소리가 들린다. 왜 새벽어둠은 저러고 울고 있을까? 어제 저녁도 대학원생들이 베푼 훌륭한 술자리가 있었다. 이상준 군, 구장률 이유미 부부, 고훈 가람 부부, 배정상, 김정한, 이혜진, 손동호, 이용신, 반재유, 중국인 유학생 왕예량까지 양주 집에서 거창하게 자리를 베풀었다. 과 교수들도 모두 와 주었다. 있으나마나

한 노대규 교수야 이미 뺑소니쳐서 없고, 양정석 교수만 어제 늦게까지 마신 술 후유증과 야간 강의로 불참. 어제 아침나절에 교육대학원생들 논문 심사도 잘 끝내었다.

어젯밤 12시, 큰딸 가람이와 손잡고 영빈관에 들어와 대학원생들이 내게 주는 선물을 풀어보니 모두 내겐 과한 선물들이었다. 아주 비싸기로 유명한 상표 몽블랑 만년필에 그 상표 잉크병과 그들 각자가 써 넣은 편지들, 모두 내 마음을 울리는 마음들이었다. 가뜩이나 그저께 저녁에는 학부생들 사은회라고 불려나가 채효진이 눈물을 흘리며 아쉬워하는 모습들을 보았고 풋풋한 젊은이들의 빛나는 눈빛에 취해 새벽 4시까지 노래를 불러 밤을 내몰았는데 연거푸 이렇게 내몰리는 느낌은 감당하기가 좀 무겁다. 이예지와 심봉건, 정원식이 생각난다. 어제 문리대 마지막 회의에서 또 교수들 앞에서 몇 마디를 지껄이며 날개론을 펼쳤지만 물러나는 마음이 편치만은 않다. 그래도 나는 정년퇴직이 별로 서럽지는 않았는데 아침이 울고 섰다는 느낌이 들어 잠을 깨었다. 내가 울고 있는가? 그럴 리는 없겠지!

아내가 웃는다

아내가 웃는다. 내가 집에 왔나보다
깔깔깔깔 으허허 하하하 깔깔깔
낮잠 자려고 누웠다가 저 소리를 듣는다.

집이 안온하다.

아내가 웃는다. 깔깔깔!
집안에 울리는 저 소리
누구든 반기는 저 소리
우리 집에 귀신도 웃기는 아내가 있다
내 아내 깔깔깔 저 소리

내 마음에 고이는 훈기.

사랑하지 않을 수가 없다.

2006년 12월 14일 오전. 어제는 새벽 두 시에 광주 집에 입성하였다. 늦게 도착한 나를 향해 아내가 웃는다. '으이구, 저 화상!' 이 소리는 내가 한 말이다. 그렇게 퍼마셔대고 젊고 고운 여인들에 둘러싸여 밤늦게까지 떠도는 내게 고운 눈길만 보낼 뿐이다. '네 여자를 해치웠다고! 그래서 그 무용담을 자랑하는 거야?' 막내딸의 비아냥댐! '해치우다'는 말은 김명숙 씨가 한 말이다. 이은주 경찰(청와대 근무자)을 불러내어 김명숙 씨가 맡겨놓았던 양주를 먹이는데 나만 취해 무슨 앎이라고 마구 지껄인 다음, 김의규 아우가 두 여인을 떨구고 간다고 하길래 일어서자 김명숙 가로되 '이제 두 여자를 해치웠으니 다른 여자들을 해치우세요' 한다. 거 참! 그래서 작가 유경숙 씨와 안영실 씨와 이경숙네 집 울력에 가서 또 마셨다. 막내둥이 새람이는 한 수 더 뜬다. '아빠 한잔 하자!' 포도주 병을 따고 벌써 잔에 따른다. 이거 양수 겹장이다. '라면 끓여줄까?' '싫어!' 아침에는 8시 반에 일어나 두부를 한다고 콩을 앉혔는데 속망을 상처 내었다. 기계를 제대로 못 맞춘 때문이다. 가슴 살 베인 듯 민망, 누워, 어젯밤 김명숙 그 맑음이가 준 고미숙의 『열하일기, 웃음과 역설의 유쾌한 시공간』 앞 장을 읽는데 도무지 그 감동을 참을 수가 없다. 당장 전화라도 걸어 내 감동을 전하고 싶지만 참았다가 일

지시로 옮기기로 한다. 우선 김명숙 씨에게 그 감동 말을 전화메일로 전한다. 김명숙도 시로 써야 한다고 마음먹는 순간 아내가 이 쪽방에서 깔깔댄다. 마음에 저절로 기쁨이 차올라 우선 이 글부터 쓴다. 내가 고미숙 글쓰기를 닮았다고 느끼지만 누가 닮기는 먼저 닮았는지 알 길이야 먼 요동 길일 터! 내 아내가 예쁘다. 사랑하지 않을 수가 없는 여자라!

최유찬

어제 술자리는 모두 다섯
용들의 식사 자리 모임
기운 도저, 선천 방도 따뜻하다

묵묵히 글 읽고 담배도 피우며
잘못됨을 참고 봐주지 못하는 사람
정직한 학자 드높은 염치 분량 잡고 있는
그래서 늘 외롭고 서러우며
푸른 용 기운
서늘하여 내 마음 가득 채우고는
언제나 수줍게 웃을 줄 아는
최유찬!

오늘도 그를 생각하며
마음을 채운다.

2006년 12월 15일 낮 서하리 글방. 어제저녁은 인사동 음식점 〈선천〉에서 모였다. 최동호 선생 고려대 대학원장 취임 축하 겸해서 평론가 고형진(고려대 교수), 유재영 사장 시인, 이렇게 다섯이 모여 술자리가 어우러졌다. 최동호 교수가 가끔씩 표지화를 부탁하곤 하는 유재영 선생이 내가 쓴 기독교와 샤머니즘 글을 읽고 너무 공감해서 내게 전화를 다 하였다고 했다. 와인집으로 옮겨 앉아 꽤나 마셨는데 이번에는 최유찬 교수가 돈을 지불하였다. 앞의 것은 최동호 교수가 선수를 쳤고! 다 아름다워!

눈길

쓰다 달다 말도 없이
그대 거기 서서
무얼 그리 보나요?

무갑산 꼭대기 하현달 반쯤 뜬 눈
한 발로 하늘 금 나무로 짚고
빼꼼 드려다 보는 푸른 달
전등불로 어둠을 밀어낸 내게 당신
눈빛도 맑구려!

쓰다 달다 말도 없이
당신 거기 서서
골똘한 생각 내 눈도
거기 있겠구려!

내 눈길 고르다 당신
마음 다가오는 소리
하루해가 열리고 있구려.

2006년 12월 18일 아침 서하리 글방. 이제 학교에 갈 마지막 주일 월요일이다. 아침상 머리 앞에 앉아 아내가 말한다. '행복한 사람!' '어느 누가 대학교수 제자의 차를 타고 학기 내내 편안하게 다닐 수 있나?' 최인호 교수를 기다리는 자리에서다. 생각해 볼수록 내가 제자 복 많은 사람임을 알겠다. 지금쯤 달려오고 있겠다. 최인호 박사! 그를 쓰기엔 아직 좀 더 마음을 닦아야 하겠다. 어젯밤 내내 고미숙의 『열하일기, 웃음과 역설의 유쾌한 시공간』을 읽었다. 아직 다 못 읽었다. 또 바쁜 한 주 시작이다.

아시아의 눈, 연암 박지원과 고미숙

머리말부터 숨 막혀 저
충천하는 내공의 바람결 출렁거리고,
글깨나 쓴다고 개나 소나 염불 질
너도 나도 힘쓰지만 헛바람 우웅 우웅
고미숙 『열하일기, 웃음과 역설의 유쾌한 시공간』
읽다가 기절
기함할 뻔한 놀람에 가슴 두근거리고,

18세기적 연암 저 퉁퉁한 몸매 어디 그런 씩씩
당당 도도한 삶의 편력 글밭 가꾸어
길고 긴 장장 발걸음도 무겁고,
청나라 황제 저 음흉한 권력에 무박 4일 일정 강 건너
나 언제 저런 호기와 웃음 깊은 삶의 주름 아픈
걸음으로 글 쓰고 살고 숨 쉬어 당신들 도도 당당
글 걸음도 호호탕탕 그 힘 센 물결로 나아갈까?

고미숙이 읽은 연암, 그래서 그를 세워
아시아 북쪽 오랑캐 저 휘황한 풍물 늘어세워
여행도 편력도 시들해진 내 머리 통에 천둥 터지는

소리
고미숙도 아니고 박지원도 아니고 그 둘이 합쳐 벽
력처럼
내뿜는 기운 낄낄대며 웃는 웃음소리
아시아의 밤은 지금도 저물거나 어둠 물려 세우고
6자 모임이니 2자 모임이니 나팔수들 요란한데
「열하일기」 긴 여정 이야기 속에 심어 놓은 볶은 콩
서너 말 이제 싹이 터 고미숙 글밭에서 파랗게, 파
랗게
잘도 자라 으쓱으쓱 자라 내 마음 줄 맹렬하게 당기
는구나!

아하 고미숙도 박지원도 오늘 어제 담날로 이어질
술 안주깜
거, 거나하게 마시고는 에헴 용틀임하듯 용들의 숨
소리로
내 마음 속에 웅크리는구나, 거참, 장하기도 장하여라,
들!

2006년 12월 18일 원주 연구실. 지난주 김명숙 씨가 준 고미숙의 『열하일기, 웃음과 역설의 유쾌한 시공간』을 반쯤 읽었다. 그 사이에 죠르주 상드의 「마의 늪」 한 편을 읽었는데 이것도 마음을 심하게 흔든다. 짝을 잃은 일소가 그 잃은 짝의 멍에와 고삐를 살피느라 죽도 안 먹다가 죽는다는 이야기로 도시 사람들이 이야기하는 우정론을 일격에 박살내는 글을 읽었다. 모두 18세기에서 19세기에 이르는 삶들에 관한 글이었다. 고미숙, 참 내공의 힘의 많이 쌓였구나! 내 이미 그를 알아보았지만, 이 글을 읽으니 참 기가 막히는구나! 그래서 대강 이렇게 정리하여 놓는다.

현운재 307호실

영감의 샘은 잠에 있다. 단잠
밤은 잠 부르는 어둠 이불로 서리서리
영빈관 이름 하여 현운재 그윽한 구름 덮이는 집
삼백 칠호, 그 방에 누워
긴 여정의 내 한 살이 삶을 생각한다.

문학이라는 이름 구원으로 불러 그대 인생
전반생을 살았구나.

영감을 주던 창 앞 눈높이 휘고 도는 올연한 백운산
언제나 구름 목도리로 두르거나 옆 빛 도배
챙챙한 하늘 금 나무들로 머리 장식한 채
굽이굽이 용틀임하듯 내 창가에 와 밤이면 밤
아침이면 아침마다 기웃거려 내 단잠 지킨 용
이제 나는 그대 곁을 떠나 잠시
서하리 무갑산 자락을 너 대신 바라보며
그 멀고도 긴 삶의 여정 어느 곳
거기 서서 너를 그리리라!

참을 수 없는 그리움 복바치면 나
네 머리 위에 이고 받들던 하늘 위,
별들
꿈꾸는 바람으로 네 곁에 오리니!

현운재(玄雲齋) 분명 내가 지은 집 이름일 터
백운관 청송관 창조관 더불어 그 이름 뽑혀
부상을 받았던 그 이름 너 307호실
한번도 옮긴 적 없이 너와 함께 한 살이 길.

너를 두고 나
꿈꾸는 나라 서하리로 가리니
얼룩진 이 방 여러 흔적 그대
그대로 남아 훈기와 다정한 목마름
지켜 있기를 아아 그대
그대로 남아 있기를!

2006년 12월 19일 아침 영빈관 현운재 307호실. 어제는 소설론 시험을 끝내고 교육대학원 학생들과 저녁 식사를 하였다. 이번 학기 내 조교는 이상준 군이다. 그에게 모든 걸 맡긴 한 학기였다. 어제 만난 이미지 만나자, '선생님 보고 싶으면 어쩌지요?' 한다. 가슴 철렁. 우제정 선생도 기쁜 표정으로 와서 이차 노래방까지 순례를 마치고 우리를 학교 연구실까지 데려다 주었다. 박선영, 한수현, 오윤경, 조지현, 모두 시험 준비로 마음 바쁜 시간을 내어 종 파티, 정말 종파티를 하여 주었다. 아주 한 아름 핀 꽃다발과 5십만원짜리 상품권을 주고 갔다. 이 학생들을 데리고 노대규 교수가 보채는 바람에 윤덕진 교수와 더불어 노래방까지 진출하여 힘을 좀 썼다. 이제 다시 아침이다. 오늘은 박경리 선생님 저녁에 뵙는 일과 연민 이가원 선생님 묘소 참배, 그리고 앙성 탄산온천 목욕탕엘 들릴 예정이다. 윤덕진 교수 슬그머니 오늘도 조련하지는 않을 거라는 엄포를 어젯밤에 놓았다. 여덟 명의 학구 벗들이 노니는 밤일 터이다. 오늘 이 방이 따뜻하여 그 정을 남긴다.

만남은 고독이다

만나면 헤어진다.
어제 저녁도 너는 우리와 만났지만 지금은 고독하다.
박경리 선생 둘러싼 윤덕진, 김영근, 임성래, 이인재, 그리고 나서
김명복 그 사람 저녁 값을 내겠다고 고집 피워
쇠고기, 돛 고기에 메밀부침까지 햇 김장 김치 막걸리와 천주가 낭자하던 밤
박 선생 이야기 녹음하며 우리 거기서 너는 대취하여 방에 와 다시
맥주에 목숨 걸다가 아침에 일어나기 꾀 내다가
늦은 아침 빠른 점심

버스 안에 갇힌 급한 화장실 생각 느낌에
땀깨나 흘렸다.

다시 밤이 오니 어제 만난 모든 이는 간 곳 없고 나와 너만
이렇게 앉아 외롭다고 느낀다.

만남은 그렇게 고독하고
헤어짐을 예약해서 만남 그것
아 어쩌지 못하는 이 만남
그래도 살아있는 동안 이어 잇고
또 만나고 약속하고 만나서 그렇게 외롬 쌓는다.

2006년 12월 20일 밤 서하리 글방. 오늘은 퍽 힘들게 보낸 하루였다. 어제 마신 막걸리와 맥주가 과했나보다. 통근 버스 속에서 설사가 나오려고 해서 땀을 흘렸는데 마침 내려 공원 화장실에 들려 일을 마치니 살겠더라. 겨우 집에 와서 잔뜩 식사를 하고 나니 또 배가 거북하다. 박경리 선생님이 이제는 돼지고기도 잘 드신다. 나와의 막막한 헤어짐을 막기 위해 박경리 선생님을 모시고 만나는 모임을 만들었다. 윤덕진, 임성래, 김영근 모두 다 고마운 분들이지! 성글게 이렇게 적어 놓는다.

아흔아홉 편 시 묶음 잇기 01

나는 꿈꾸는 새다

1판 1쇄 인쇄 2010년 09월 20일
1판 1쇄 발행 2010년 09월 30일

지은이 정현기

펴낸이 서채윤
펴낸곳 채륜
표지·본문디자인 Design窓(66605700@hanmail.net)

등록 2007년 6월 25일(제25100-2007-000025호)
주소 서울 광진구 군자동 229
대표전화 02-6080-8778 | **팩스** 02-6080-0707
E-mail chaeryunbook@naver.com
Homepage www.chaeryun.com

책값은 뒤표지에 있습니다.
ISBN 978-89-93799-18-7 04810
ISBN 978-89-93799-17-0(세트)